관광전공인을 위한
서비스일본어

김 남 숙 지음

Publishing Company

머리말

    이 교재는 서비스업을 전공하는 학생들을 위해 만들었습니다. 서비스업에도 다양한 분야가 있지만 주로 호텔이나 면세점 등에 취업을 하고자 하는 학생들을 위한 것입니다. 그래서 호텔과 판매에 관한 기본적인 회화를 중심으로 되어있습니다.

    제1권에서는 호텔 내에서도 레스토랑에서 주문을 받을 때, 면세점 등에서 관광객에게 물건을 판매할 때에 사용되는 회화로 되어 있습니다.

    일본어의 경어표현은 한국어와 다른 점이 많고 여러 종류의 경어표현이 있어서 일본어를 공부하는 학생들에게 매우 어려운 부분입니다. 하지만 관광객은 손님입니다 손님에게 올바른 경어표현을 연습하여 실례되는 일이 없도록 하기 위해 많은 연습문제를 만들었습니다. 여러 가지의 표현은 자제하고 기본적인 것으로 본문의 대화만 기억을 해도 손님과의 대화에 불편함이 없도록 만들었습니다. 따라서 본문을 외우고 경어표현연습을 하고 롤플에이를 통해 학습을 한다면 취업을 한 후에도 관광객을 맞이하는 데에 큰 어려움이 없을 것으로 봅니다.

    학생들에게 많은 도움이 되길 바랍니다.

    그리고 여러모로 도움을 주신 佐藤揚子(さとう ようこ)선생님께도 감사를 드립니다.

차 례

머리말 / 2

알아두기 / 6

Part I レストラン

LESSON 01	12
LESSON 02	24
LESSON 03	36
LESSON 04	48
LESSON 05	62

Part II 販売
はんばい

LESSON 01 ……………………………………………………… 76

LESSON 02 ……………………………………………………… 88

LESSON 03 ……………………………………………………… 102

LESSON 04 ……………………………………………………… 114

LESSON 05 ……………………………………………………… 126

서비스회화에서 가장 중요한 것이 경어표현이라 할 수 있다. 일본어의 경어표현에는 존경어, 겸양어가 있는데 특히 우리가 주의해야할 것은 겸양어이다. 한국어에는 겸양표현이 아주 드물기 때문에 어렵고 실수하기 쉬운 부분이기도 하다.

존경어

상대방이나 제3자에 대한 존경의 기분을 표현할 때 사용하는 표현으로 주어는 존경받는 사람이 된다.

1. 존경을 나타내는 특별동사 : 표참조
2. お + Vます形 + ～に なります・ご + 漢字語 + ～に なります

> これ、お使いになりますか。
> 先生は 五日に 日本からお帰りになります。
> いつご出発になりますか。

3. ～(ら)れます

동사의 수동형이 존경어로 쓰여질 수 있다. 「～(ら)れます」보다 「お + Vます形 + ～に なります」쪽이 존경의 정도가 높다.

先生は 五日に 日本から 帰られます。
いつ 来られますか。

「～ています、～てみます」등의 보조동사를 경어로 하는 경우에는 다음과 같이 한다.

- ～ています
- ～ていきます   ⇒   ～ていらっしゃいます
- ～てきます

본 동사를 경어로 하는 경우도 있다.

書いています。   →   お書きになっています。

겸양어

상대방에 대한 존경의 기분을 표현하기위해 자신의 행위를 겸손하게 말할 때 사용하는 특별한 표현법으로 상대방을 위해 하는 행위에 사용한다.

1. 겸양을 나타내는 특별동사 : 표참조

2. お + Ｖます形 + します(いたします)・ご + 漢字語 + します(いたします)

私がかばんをお持ちします(いたします)。
お願いします(いたします)。
明日までお送りします(いたします)。

3. V 사역(さ)せていただく

「제가 하겠습니다」라는 하나의 정해진 겸양표현이다. 최고의 겸양표현이라고 할 수 있다.

> 会議(かいぎ)はこれで終(お)わらせていただきます。
> この書類(しょるい)を読(よ)ませていただきます。

4. 「～(し)ていただきます」

상대방이 하는 행동을 내가 받는다라는 의미로 사용되는 표현이다. 「～てもらう」의 겸양표현이다. 「～てもらう」의 표현은 한국어에는 없는 표현이므로 직역하면 뜻이 통하지 않는다는 점을 유의해야한다.

> この文(ぶん)の意味(いみ)を教(おし)えていただきたいんですが。

5. いただけますか

상대방에게 할 수 있는지의 가능성을 물어보는 표현이다.

> ここにお名前(なまえ)をお書(か)きいただけますか。
> 今(いま)すぐ出(だ)していただけますか。

● 정중함을 나타내는 특별동사

「～です」 → 「～でございます」
～があります → ～がございます

> 部屋はこちらでございます。
> 大きいサイズもございます。

◉ 존경의 접두어 お〜・ご〜

お ＋ いA・なA・N

ご ＋ N漢字語

> お元気ですか。
> おいそがしそうですね。
> どうぞご自由にお読みください。

◉ お ＋ Vます形 ＋ です

「〜ていらっしゃいます」「おVます形になります」의 간결한 표현법이다.

> パスポートをお持ちですか。
> 何をお探しですか。
> お客様がお待ちです。

표

기본형	존경어	겸양어
見る	ご覧になる (ご覧くださる)	拝見する
やる		あげる/差し上げる
言う/話す	おっしゃる	申す/申し上げる
会う	お聞きになる	お目にかかる
聞く	お耳にする (お聞きくださる) (お聞きなさる)	伺う・承る
見せる		お目にかける ご覧に入れる
食べる/飲む	召し上がる	いただく
くれる	くださる	
もらう		いただく
する	なさる	いたす
知る	ご存じだ	存じる/存じあげる
着る	召す/お召しになる	
気に入る	お気に召す	
訪ねる	お訪ねになる	伺う
寝る	お休みになる	(休ませていただく)
いる	いらっしゃる	おる
行く/來る	いらっしゃる、 おいでになる、見える	まいる
会う		お目にかかる

관광전공인을 위한
서비스일본어

Part I

レストラン

Part I レストラン

LESSON 01

まず、敬語のない会話を読んでみましょう。 우선 경어가 아닌 대화를 읽어보시오.

ホールスタッフ： いらっしゃいませ。二人ですか。
客： はい、そうです。
ホールスタッフ： こっちにどうぞ。
客： 窓側がいいんですが、、、、
ホールスタッフ： 分かりました。　どうぞ。
客： どうも。
　　　　《客が席につく》
ホールスタッフ： メニューです。

관광전공인을 위한
서비스일본어

敬語のある会話を読んでみましょう。 경어로 된 대화를 읽어보시오.

ホールスタッフ：	いらっしゃいませ。お二人様ですか。
客：	はい、そうです。
ホールスタッフ：	こちらに　どうぞ。
客：	窓側がいいんですが、、、
ホールスタッフ：	かしこまりました。どうぞ。
客：	どうも。
	《客が席につく》
ホールスタッフ：	メニューでございます。

重要単語 중요단어

ホールスタッフ：호텔스태프
客：손님
いらっしゃいませ：어서 오십시오
窓側：창가

いい：좋다
〜んですが：〜인데요
かしこまりました：잘 알겠습니다
メニュー：메뉴

Part I レストラン | LESSON 01 13

本文の内容を確認しましょう。 본문의 내용을 확인합시다.

호텔스태프:	어서 오십시오. 두 분이십니까?
손님:	네, 그렇습니다.
호텔스태프:	이쪽으로 모시겠습니다.
손님:	창가가 좋은데요….
호텔스태프:	알겠습니다. 이쪽으로 오십시오.
손님:	고마워요.
	《손님이 자리에 앉다》
호텔스태프:	메뉴 드리겠습니다.

本文の内容と合っていれば○、そうでなければ×をつけなさい。

본문 내용과 맞으면○, 그렇지 않으면 X표를 하시오.

① お客さんがレストランで友達と話をしています。　　　(　　)

② お客さんは一人で来ました。　　　(　　)

③ ホールスタッフはお客さんに席を案内しました。　　　(　　)

④ お客さんは窓側の席に座りませんでした。　　　(　　)

⑤ ホールスタッフはお客さんにメニューを渡しました。　　　(　　)

HINT

話をする : 이야기를 하다
席 : 자리
案内する : 안내하다

座る : 앉다
渡す : 건네다

重要表現 (じゅうようひょうげん)　　　　　　　　　　　중요표현

1　お二人様 (ふたりさま)

普通、人数を数えるときには「一人・二人・三人、、、」だが、数える対象がお客の場合は以下のように数える。

보통 사람 수를 셀 때에는 「一人・二人・三人、、、」이지만 세는 대상이 손님인 경우에는 다음과 같이 센다.

一般的な表現 일반적인 표현	対象が客の場合 대상이 손님인 경우
一人 (ひとり)	お一人様(ひとりさま)　/　一名様(いちめいさま)
二人 (ふたり)	お二人様(ふたりさま)　/　二名様(にめいさま)
三人 (さんにん)	三人様(さんにんさま)　/　三名様(さんめいさま)
四人 (よにん)	四人様(よにんさま)　/　四名様(よんめいさま)
五人 (ごにん)	五人様(ごにんさま)　/　五名様(ごめいさま)
六人 (ろくにん)	六人様(ろくにんさま)　/　六名様(ろくめいさま)
七人 (しちにん)	七人様(しちにんさま、ななにんさま)　/　七名様(ななめいさま)
八人 (はちにん)	八人様(はちにんさま)　/　八名様(はちめいさま)
九人 (きゅうにん)	九人様(きゅうにんさま)　/　九名様(きゅうめいさま)
十人 (じゅうにん)	十人様(じゅうにんさま)　/　十名様(じゅうめいさま)

2 かしこまりました。

「相手の言ったことを謹んでうけたまわった」の意で、「分かった」という意味を丁寧に表わす謙譲語。相手が客や地位の高い上司の場合に使い、それ以外の場面では「分かりました」が一般的。

「상대가 말한 것을 잘 알았다」라는 의미로「分かった」라는 의미를 정중하게 표현하는 겸양어. 상대가 손님이나 지위가 높은 상사인 경우에 사용하고 그 이외의 경우에는「分かりました」가 일반적.

3 メニューでございます。

「名詞/ナ形容詞＋でございます。」は「名詞/ナ形容詞＋です。」の丁寧な表現。客に説明をするときなど、相手に丁寧に説明するときに用いる。

「명사/な형용사 ＋ でございます。」는「명사/な형용사 ＋ です。」의 정중한 표현. 손님에게 설명을 할 때 등, 상대에게 정중하게 설명할 때에 사용한다.

- (걸려온 전화를 받고)「ソウルホテルでございます。」
- (영수증을 손님에게 건네면서)「領収書でございます。」
- 客：これいくらですか。
  店員：20,000ウォンでございます。
- 客：これは何ですか。
  店員：大根のキムチでございます。

単語 단어

領収書 : 영수증
ウォン : 원(한국돈 단위)

大根 : 무
キムチ : 김치

연습문제

1. 韓国語を日本語に直してみましょう。
한국어를 일본어로 고치시오.

호텔스태프 :	어서 오십시오. 두 분이십니까?
손님 :	네, 그렇습니다.
호텔스태프 :	이쪽으로 모시겠습니다.
손님 :	창가가 좋은데요….
호텔스태프 :	알겠습니다. 이쪽으로 오십시오.
손님 :	고마워요.
	《손님이 자리에 앉다》
호텔스태프 :	메뉴 드리겠습니다.

2. あなたはレストランで働いています。来店したお客さんに、日本語で人数を確認してみましょう。④はお客の立場で答えてみましょう。

<small>당신은 레스토랑에서 일을 하고 있습니다. 내점한 손님에게 일본어로 인원수를 확인해 봅시다. ④는 손님의 입장에서 답하시오.</small>

例(예)

3. 会話を読んで、(　　　)の表現のうち、適切な表現を選んでみましょう。
   대화를 읽고 (　)안의 표현 중, 적절한 표현을 고르시오.

   ① 先生：レポートは明日までです。
   　　学生：はい、（かしこまりました　／　分かりました）。

   ② 客：すみません、メニューをお願いします。
   　　ホールスタッフ：（かしこまりました　／　分かりました）。

   ③ 店長：キムさん、1番テーブルにお水をお願いします。
   　　キム：はい、（かしこまりました　／　分かりました）。

4. お客からの質問に丁寧語を使って答えてみましょう。
   손님이 한 질문에 정중어를 사용하여 답하시오.

   ① これは何ですか。

   ➡ _____

   ② これは何ですか。

   ➡ _____

   ③ これは何ですか。

   ➡ _____

④ あれは何ですか。

　➡ _____

⑤ あれは何ですか。

　➡ _____

⑥ あれは何ですか。

　➡ _____

5. (　　)の中に適當な言葉を入れて会話を完成させてみましょう。
(　)안에 적당한 말을 넣어 대화를 완성시키시오.

ホールスタッフ：　いらっしゃいませ。(　　　　　)ですか。

客：　　　　　　　はい、そうです。

ホールスタッフ：　(　　　　　)に どうぞ。

客：　　　　　　　窓側がいいんですが、、、

ホールスタッフ：　(　　　　　)。どうぞ。

客：　　　　　　　どうも。

　　　　　　　　　《客が席につく》

ホールスタッフ：　メニュー(　　　　　)。

応用練習
응용연습

ミッションカード(mission card)を参考に、ホールスタッフと客になったつもりで、役割練習をしてみましょう。
mission card를 참고로 하여 홀 스태프와 손님이 되어 역할연습을 하시오.

---

mission card　ホールスタッフ(홀스태프)

来店したお客様に人数を確認し、お客様の希望する席に案内した後で、メニューを渡してください。

내점한 손님에게 인원수를 확인하고 손님이 희망하는 자기에 안내를 한 후, 메뉴를 건네주세요.

---

mission card　客(손님)

お店に行って、自分の座りたい席をホールスタッフに伝えてください。

매장에 가서 자신이 앉고 싶은 자리를 홀 스태프에게 전하시오.

店内のイラスト

Note

Part I
レストラン

LESSON 02

まず、敬語のない会話を読んでみましょう。 우선 경어가 아닌 대화를 읽어보시오.

客： すみません、アイスティーありますか。

ホールスタッフ： すみませんが、ここにはありません。

客： 冷たい飲み物はどんなものがありますか。

ホールスタッフ： アイスコーヒー、コーラ、オレンジジュース、レモネードがあります。

客： じゃ、アイスコーヒーをください。

ホールスタッフ： はい、分かりました。

관광전공인을 위한
서비스일본어

敬語のある会話を読んでみましょう。 경어로 된 대화를 읽어보시오.

客：	すみません、アイスティーありますか。
ホールスタッフ：	申し訳ございませんが、こちらにはございません。
客：	冷たい飲み物はどんなものがありますか。
ホールスタッフ：	アイスコーヒー、コーラ、オレンジジュース、レモネードがございます。
客：	じゃ、アイスコーヒーをください。
ホールスタッフ：	はい、かしこまりました。

重要単語 중요단어

アイスティー：아이스티
申し訳ございません：죄송합니다
こちら：이쪽
ございます：있습니다(정중체)
冷たい：차가운, 시원한

飲み物：음료수
どんなもの：어떤 것
アイスコーヒー：아이스커피
コーラ：콜라
オレンジジュース：오렌지 쥬스
レモネード：레몬에이드

本文の内容を確認しましょう。 본문의 내용을 확인합시다.

손님 :	아이스티 있어요?
홀 스태프 :	죄송합니다만, 여기에는 없습니다.
손님 :	시원한 음료수는 어떤 것이 있나요?
홀 스태프 :	아이스커피, 콜라, 오렌지 쥬스, 레몬 에이드가 있습니다.
손님 :	그럼, 아이스커피를 주세요.
홀 스태프 :	예, 알겠습니다.

本文の内容と合っていれば○、そうでなければ×をつけなさい。
본문 내용과 맞으면 ○, 그렇지 않으면 ×표를 하시오.

① ここはコーヒーショップです。　　　　　　　　　　（　　）

② お客さんは今アイスティーが飲みたいです。　　　　（　　）

③ このコーヒーショップにはアイスティーがあります。（　　）

④ この店にはレモネードはありません。　　　　　　　（　　）

⑤ お客さんはアイスコーヒーを注文しました。　　　　（　　）

HINT

コーヒーショップ : 커피숍
飲みたい : 마시고 싶다
店 : 가게, 매장
注文する : 주문하다

重要表現  중요표현

1 申し訳ございません。

　すまない気持ちを表わす表現。一般的には「すみません」でいいが、相手が客の場合には丁寧に「申し訳ありません。」、さらに丁寧な気持ちを表現したいときには「申し訳ございません」を使う。

　미안한 마음을 나타내는 표현. 일반적으로는 「すみません」으로 되지만 상대가 손님인 경우에는 정중하게 「申し訳ありません。」, 더 나아가 정중한 마음을 표현하고자 할 때에는 「申し訳ございません」을 사용한다.

2 こちらにはございません。

「こちら」は「ここ」の丁寧な表現。
「こちら」는 「ここ」의 정중한 표현이다.

一般的な表現 일반적인 표현	丁寧な表現 정중한 표현
ここ（여기）/こっち（이 쪽）	こちら
そこ（거기）/そっち（그 쪽）	そちら
あそこ（저기）/あっち（저 쪽）	あちら
どこ（어디）/どっち（어느 쪽）	どちら

　「あります／ありません」の丁寧な表現が「ございます／ございません」。一般的な日常会話では「ここにはありません。」でも可能だが、相手がお客なので丁寧に「こちらにはございません。」と表現するのがいい。

「あります / ありません」의 정중한 표현이 「ございます / ございません」이다. 일반적인 일상대화에서는 「ここにはありません。」도 가능하지만 상대가 손님이라서 정중하게 「こちらにはございません。」이라고 표현하는 것이 좋다.

なお、「ございます」の辞書形は「ござる」。ます形は「ござります」ではなく「ございます」となるので注意が必要。

나아가 「ございます」의 사전형은 ござる이다. ます形은 「ござります」가 아니라 「ございます」라고 하기 때문에 주의할 필요가 있다.

- こちらにはアイスティーはございません。
- そちらにはトイレはございません。

3 レモネードがございます。

上で見たように、「ございます」は「あります」の丁寧語である。1課で学習した「〜でございます」と似ているが、意味が全く異なるので、注意が必要である。

위에서 언급한 바와 같이 「ございます」는 「あります」의 존경어이다. 1과에서 배운 「でございます」와는 닮았지만 의미가 전혀 다르기 때문에 주의할 필요가 있다.

- カフェラテはございます。 ⇔ こちらはカフェラテでございます。
- こちらにエスプレッソがございます。 ⇔ こちらがエスプレッソでございます。

単語 단어

| カフェラテ：카페라테 | エスプレッソ： 에스프레소 |

練習問題 　　　　　　　　　　　　　　　　　　　연습문제

1. 韓国語を日本語に直してみましょう。
   한국어를 일본어로 고치시오.

   손님 : 　　　　　아이스티 있어요?

   홀 스태프 : 　　죄송합니다만, 여기에는 없습니다.

   손님 : 　　　　　시원한 음료수는 어떤 것이 있나요?

   홀 스태프 : 　　아이스커피, 콜라, 오렌지 쥬스, 레몬 에이드가 있습니다.

   손님 : 　　　　　그럼, 아이스커피를 주세요.

   홀 스태프 : 　　예, 알겠습니다.

2. 会話を読んで、（　　　）の表現のうち、適切な表現を選んでみましょう。
   대화를 읽고 ( )의 표현 중, 적절한 표현을 고르시오.

   ① 客：あの、アイスコーヒーはまだですか。

   　　ホールスタッフ：（すみません　／　申し訳ございません）。

   　　　　　　　　　すぐお持ちします。

   ② 先生：授業中ですよ。静かにしてください。

   　　学生：（すみません　／　申し訳ございません）。

   ③ 店長：また遅刻ですか。

   　　キム：（すみません　／　申し訳ございません）。気をつけます。

単語 단어

すぐ：곧
お持ちする：갖다 드리다
授業中：수업 중
静かに：조용하게

また：또
遅刻：지각
気をつける：주의하다, 조심하다

3. あなたはビュッフェレストランの店員です。お客にケーキがどこにあるか聞かれました。ケーキのある場所を「(こちら・そちら・あちら)にございます。」を使って、日本語で伝えてみましょう。

당신은 뷔페레스토랑 점원입니다. 손님에게 케익은 있는지 질문을 받았습니다. 케익이 있는 장소를 「(こちら・そちら・あちら)にございます。」를 사용하여 일본어로 전달해보시오.

① ケーキはどこですか。
➡ _____

② ケーキはどこですか。
➡ _____

③ ケーキはどこですか。
➡ _____

4. 下のメニューはあなたが働いているコーヒーショップのメニューです。お客からの質問に丁寧語を使って答えてみましょう。

아래에 있는 메뉴는 당신이 일하고 있는 커피숍의 메뉴입니다. 손님에게 받은 질문에 정중어를 사용하여 답해보시오.

メニュー

ホット		アイス	
アメリカンコーヒー	···3500ウォン	アイスコーヒー	···4000ウォン
ブレンドコーヒー	···3500ウォン	アイスカフェラテ	···5000ウォン
カフェラテ	···4500ウォン	アイスカプチーノ	···5000ウォン
カプチーノ	···4500ウォン	アイスカフェモカ	···5000ウォン
カフェモカ	···4500ウォン		

① カフェモカはありますか。
　➡ _____

② エスプレッソはありますか。
　➡ _____

③ カフェオレはありますか。
　➡ _____

④ アイスティーはありますか。
　➡ _____

⑤ 冷たい飲み物はどんなものがありますか。
　➡ _____

5. ( )の中に適当な言葉を入れて会話を完成させてみましょう。
　　( )안에 적당한 말을 넣어 대화를 완성시키시오.

客：　　　　　　　　すみません、アイスティーありますか。

ホールスタッフ：　　(　　　　　　)が、(　　　)には

　　　　　　　　　　(　　　　　　)。

客：　　　　　　　　冷たい飲み物はどんなものがありますか。

ホールスタッフ：　　アイスコーヒー、コーラ、オレンジジュース、

　　　　　　　　　　レモネードが(　　　　　　)。

客：　　　　　　　　じゃ、アイスコーヒーをください。

ホールスタッフ：　　はい、(　　　　　　　)。

応用練習　응용연습

あなたの好きな飲み物は何ですか。友達にも好きな飲み物を聞いて、下のメニューを完成させ、本文のようなホールスタッフとお客の会話をしてみましょう。
당신이 좋아하는 음료수는 무엇입니까? 친구에게 좋아하는 음료수를 묻고 아래의 메뉴를 완성시키고 본문과 같이 홀 스태프와 손님의 대화를 해 보시오.

＊＊＊メニュー＊＊＊

HOT（温かい飲み物）　　　　ICED（冷たい飲み物）

-
-
-
-
-
-
-
-
-

쉬어 가기

日本のコーヒーショップのメニュー

일본의 커피숍의 메뉴

BREWED COFFEE

ドリップ コーヒー (ホット/アイス)
Drip Coffee (Hot/Iced)
厳選された香り高いコーヒー。
Ⓢ¥290 Ⓣ¥340 Ⓖ¥390 Ⓥ¥440
※店内でお召し上がりの場合、ホットのみ¥100で一杯お代わりできます。

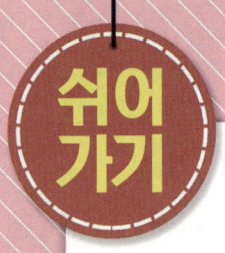

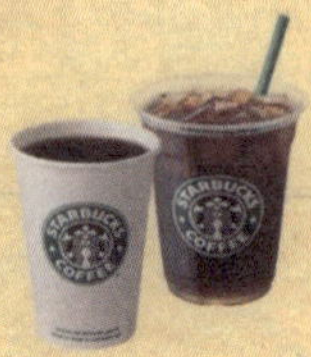

カフェ ミスト (ホット)
Caffè Misto (Hot)
ドリップコーヒーにふわふわミルクを加えて。
Ⓢ¥320 Ⓣ¥370 Ⓖ¥420 Ⓥ¥470

Decaffeinated Coffee
(Hot/Iced)
※ディカフェ(カフェインレス)もご用意しています。

ESPRESSO BEVERAGES

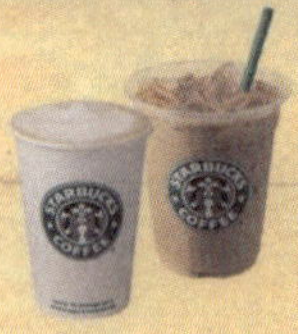

スターバックス ラテ (ホット/アイス)
Caffè Latte (Hot/Iced)
エスプレッソにたっぷりミルクを注いだドリンク。
Ⓢ¥320 Ⓣ¥370 Ⓖ¥420 Ⓥ¥470

ソイ ラテ (ホット/アイス)
Soy Latte (Hot/Iced)
エスプレッソとの相性を追求した豆乳を使用。
Ⓢ¥370 Ⓣ¥420 Ⓖ¥470 Ⓥ¥520

キャラメル マキアート (ホット/アイス)
Caramel Macchiato (Hot/Iced)
バニラ風味を加えたミルクに、エスプレッソを注ぎ、キャラメルソースをプラス。
Ⓢ¥370 Ⓣ¥420 Ⓖ¥470 Ⓥ¥520

カフェ モカ (ホット/アイス)
Caffè Mocha (Hot/Iced)
エスプレッソにチョコレートとミルクを組み合わせて。
Ⓢ¥380 Ⓣ¥430 Ⓖ¥480 Ⓥ¥530

ホワイト チョコレート モカ (ホット/アイス)
White Chocolate Mocha (Hot/Iced)
エスプレッソにホワイトチョコレートとミルクを。
Ⓢ¥380 Ⓣ¥430 Ⓖ¥480 Ⓥ¥530

カプチーノ (ホット)
Cappuccino (Hot)
エスプレッソに泡立てたミルクをたっぷりと。
Ⓢ¥320 Ⓣ¥370 Ⓖ¥420 Ⓥ¥470

カフェ アメリカーノ (ホット/アイス)
Caffè Americano (Hot/Iced)
エスプレッソを水やお湯で割って飲みやすく。
Ⓢ¥300 Ⓣ¥350 Ⓖ¥400 Ⓥ¥450

エスプレッソ
Espresso
芳醇な風味と香りを凝縮した濃厚なコーヒー。
Solo ¥300 Doppio ¥350

STARBUCKS COFFEE AIR M

OTHER DRINK その他のドリンク

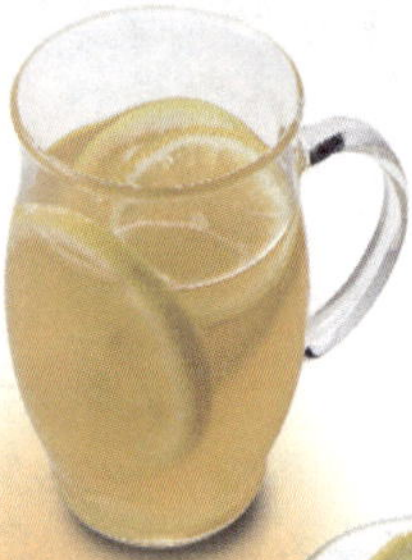

特製 蜂蜜仕立ての レモネード
アイス 90kcal ホット 130kcal ¥480
蜂蜜を加えて深い味わいに仕上げた、自家製レモネードです。

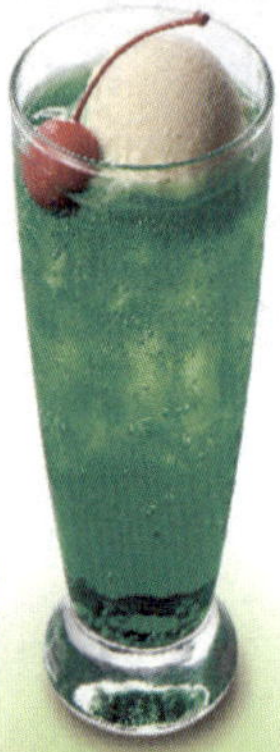

喫茶店の メロンクリームソーダ
154kcal ¥500 乳
メロンソーダにバニラアイスをトッピングしたお馴染みメロンクリームソーダです。

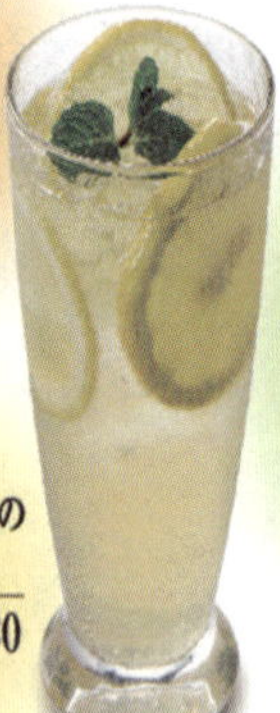

特製 蜂蜜仕立ての レモンスカッシュ
90kcal ¥530
自家製レモネードと炭酸を合わせ、すっきり爽やかな味わいに仕上げました。

フルーツミックスジュース	116kcal	¥480 乳
オレンジジュース	82kcal	¥400
喫茶店のメロンソーダ	96kcal	¥450
ココアフロート	200kcal	¥530 乳
アイスティーフロート	105kcal	¥450 乳

●地域や季節によって多少メニューが異なります。 ●価格は全て税込みです。 ●写真はイメージです。 7

Note

LESSON 03

まず、敬語のない会話を読んでみましょう。 우선 경어가 아닌 대화를 읽어보시오.

ホールスタッフ： いらっしゃいませ。注文は。

客： ええと、とりあえずビールを1本ください。

ホールスタッフ： ビールは、ハイトとカスとバドワイザーがありますが、どれにしますか。

客： 冷たいのならどんなビールでもいいです。

ホールスタッフ： 《ビールを持ってくる》

待たせました。注文のビールです。

客： あまり冷えてないな。もっと冷たいのはないんですか。

관광전공인을 위한
서비스일본어

敬語のある会話を読んでみましょう。 경어로 된 대화를 읽어보시오.

ホールスタッフ： いらっしゃいませ。ご注文は。

客： ええと、とりあえずビールを1本ください。

ホールスタッフ： ビールは、ハイトとカスとバドワイザーがございますが、どちらになさいますか。

客： 冷たいのならどんなビールでもいいです。

ホールスタッフ： ≪ビールを持ってくる≫

お待たせしました。ご注文のビールです。

客： あまり冷えてないな。もっと冷たいのはないんですか。

重要単語 중요단어

注文：주문
とりあえず：우선
ビール：맥주
1本：한 병
ハイト：하이트
カス：카스
バドワイザー：버드와이저
どれ：어느 것

どちら：어느 쪽
なさる：하시다
待たせる：기다리게 하다
あまり：그다지, 별로
冷える：식다, 차가와지다
もっと：더
冷たい：차갑다, 시원하다

本文の内容を確認しましょう。 본문의 내용을 확인합시다.

홀 스태프 :	어서 오십시오. 주문하시겠습니까?
손님 :	예~, 우선 맥주 한 병 주세요.
홀 스태프 :	맥주는 하이트와 카스와 버드와이저가 있습니다만, 어떤 것으로 하시겠습니까?
손님 :	차가운(시원한) 맥주라면 어떤 맥주라도 괜찮아요.
홀 스태프 :	≪맥주를 갖고 오다≫ 오래 기다리셨습니다. 주문 하신 맥주입니다.
손님 :	별로 차갑지 않네. 더 차가운(시원한) 것은 없나요?

本文の内容と合っていれば○、そうでなければ×をつけなさい。

본문 내용과 맞으면○, 그렇지 않으면 ×표를 하시오.

① ここはコーヒーショップです。　　　　　　　　　　　(　　)

② お客さんはビールを注文しました。　　　　　　　　　(　　)

③ このお客さんはビール 1 本だけ飲んで帰りそうです。　(　　)

④ この店にはハイトとカスとアサヒがあります。　　　　(　　)

⑤ お客さんはビールをおいしく飲みました。　　　　　　(　　)

HINT

帰りそう : 집에 갈 것처럼 보이다　　　　おいしく : 맛있게
店 : 가게, 매장

重要表現  중요표현

1 ご注文は。

「ご注文」は「注文」の尊敬語。ここで注文するのは客なので、客の行動に対して、尊敬の意味を表わしている。漢字語を尊敬語にするには漢字語の前に「ご」をつければよい。

「ご注文」은 「注文」의 존경어이다. 여기에서 주문하는 사람은 손님이기 때문에 손님의 행동에 대해서 존경의 의미를 표현하고 있다. 한자어를 존경어로 만들 때 「ご」를 연결하면 된다.

 ご出発は。
 ご結婚は。

2 どれになさいますか。

「なさいますか」は「しますか」の尊敬語。「いろいろなビールがある中でどれにしますか」と客に聞いている場面である。選ぶのは客なので、客の行為を「する」の尊敬語の「なさる」で表現するのがいい。なお、「なさる」のます形は「なさります」ではなく「なさいます」となるので注意が必要である。

「なさいますか」는 「しますか」의 존경어이다. 「いろいろなビールがある中でどれにしますか 여러 가지 맥주가 있는데 그 중에서 어느 것으로 하겠습니까」라고 손님에게 묻고 있는 장면이다. 선택하는 사람은 손님이기 때문에 손님의 행위를 「する」의 존경어인 「なさる」로 표현하는 것이 좋다. 나아가 「なさる」ます형은 「なさります」가 아니라 「なさいます」가 되기 때문에 주의할 필요가 있다.

3　お待たせしました。

韓国語では「(손님께서) 오래 기다렸습니다.」と尊敬語で表現するところであるが、日本語では「店員である私が、お客であるあなたを長く待たせてしまいました。申し訳ありません。」という意味で謙譲語で表現する。「待たせる(기다리게 하다)」は特別な謙譲語の動詞がないので、謙譲語の作り方「お＋動詞のます形＋します」にあてはめて、以下のように謙譲語を作る必要がある。

한국어는 「(손님께서) 오래 기다리셨습니다.」라고 존경어로 표현하지만 일본어는 「점원이 내가 손님인 당신을 오래 기다리게 했습니다. 죄송합니다.」라는 의미에서 겸양어로 표현한다. 「待たせる(기다리게 하다)」는 특별 겸양어동사가 아니기 때문에 겸양어를 만드는 방법인 「お＋動詞のます形＋します」에 적응시켜서 아래와 같이 겸양어를 만들어야 한다.

待たせる　→　お＋待たせ（ます）＋します　→　お待たせします

ここではすでにお客さんを待たせたので過去形にして「お待たせしました」となる。日本ではそんなにお客さんを待たせていなくても、料理などをお客さんのテーブルに運ぶ際に挨拶のようによく使われる表現である。

여기에서는 이미 손님을 기다리게 했기 때문에 과거형으로 해서 「お待たせしました」가 된다. 일본에서는 손님을 기다리게 하지 않아도 요리 등을 손님테이블에 가져갈 때에 인사처럼 자주 쓰이고 있는 표현이다.

その他の動詞の謙譲語を例文で確認してみよう。

그 외의 동사의 겸양어를 예문을 통해 확인해보자.

- お客様、お荷物はこちらでお預かりします。
- お客様、お荷物をお持ちします。

単語 단어

出発 : 출발	預かる : 맡기다
結婚 : 결혼	持つ : 들다, 갖다

연습문제

1. 韓国語を日本語に直してみましょう。
   한국어를 일본어로 고치시오.

   홀 스태프 :   어서 오십시오. 주문하시겠습니까?

   손님 :   예~, 우선 맥주 한 병 주세요.

   홀 스태프 :   맥주는 하이트와 카스와 버드와이저가 있습니다만,
                어떤 것으로 하시겠습니까?

   손님 :   차가운(시원한) 맥주라면 어떤 맥주라도 괜찮아요.

   홀 스태프 :   ≪맥주를 갖고 오다≫
                오래 기다리셨습니다. 주문하신 맥주입니다.

   손님 :   별로 차갑지 않네. 더 차가운(시원한) 것은 없나요?

2. ( )に適切なひらがなを一字入れて文章を完成させてみましょう。

( )안에 적절한 ひらがな를 넣어서 문장을 완성시키시오.

① いらっしゃいませ。( )注文( )。

② 冷たい( )ならどんなビール( )(( )いいです( )。

③ できればハイト( )してください。

④ ( )注文( )ビールです。

3. ( )の中の表現のうち、適切なものを選んでください。

( )안의 표현 중, 적절한 것을 고르시오.

① 客： コーヒーをください。

　ホールスタッフ： コーヒーはアメリカンとブレンドとエスプレッソがございますが、

　　　　　　　　　どちらに(しますか / なさいますか)。

② 先生： 宿題は(しましたか / なさいましたか)。

　学生： はい、(しました / なさいました)。

③ ホールスタッフ： いらっいませ。何に(しますか / なさいますか)。

　客： コーヒーに(します / なさいます)。

　　　コーヒーをください。

4. 客からの要望に対して、謙譲語「お＋動詞＋します」を使って応対してみましょう。
　손님이 원하는 것에 대해 겸양어「お＋動詞＋します」를 사용하여 대응해보시오.

① 客：すみませんが、コートをお願いします。

　　ホールスタッフ：はい、こちらで預かります。

　　➡ _____

② 客：すみません、ラッピングをお願いします。いくらですか。

　　店員：無料で包みます。

　　➡ _____

③ 客：すみません、タクシーお願いします。

　　ホテルスタッフ：はい、すぐに呼びます。

　　➡ _____

④ 客：すみません、スーツケースを部屋までお願いします。

　　ホテルのスタッフ：かしこまりました。すぐに運びます。

　　➡ _____

単語 단어

宿題：숙제	ラッピング：랩핑
何にする：무엇으로 하다	無料で：무료로
コート：코트	包む：포장하다
預かる：맡기다	呼ぶ：부르다

⑤ 客：これとてもおいしいですね。作り方を教えてください。
　料理長：いつでも教えます。

　➡ _____

⑥ 客：すみません、このフランスパン、スライスしてください。
　パン屋の店員：かしこまりました。こちらで切ります。

　➡ _____

5. （　）の中に適当な言葉を入れて会話を完成させてみましょう。
　　（　）안에 적당한 말을 넣어 대화를 완성시키시오.

客：　　　　　　いらっしゃいませ。（　　　　　）は。
ホールスタッフ：ええと、とりあえずビールを1本ください。
客：　　　　　　ビールは、ハイトとカスとバドワイザーが（　　　）が、
　　　　　　　　（　　　　）に（　　　　　　　）。
ホールスタッフ：冷たいのならどんなビールでもいいです。
客：　　　　　　≪ビールを持ってくる≫
　　　　　　　　（　　　　　　　）。（　　　　　　）のビールです。
ホールスタッフ：あまり冷えてないな。もっと冷たいのはないんですか。

単語 단어

スーツケース：여행가방
部屋：방
すぐに：곧
運ぶ：운반하다
教える：가르치다
フランスパン：프랑스빵
スライスする：슬라이스하다
切る：자르다
作り方：만드는 방법

応用練習　　　　　　　　　　　　　　　　　　　　　　　　　　　응용연습

「冷麺」と言っても、辛い冷麺、辛くない冷麺など、その種類はさまざまです。冷麺にはどのような種類があるのか、そして日本語ではどのように表記するのかを調べて、メニューを完成させましょう。次に本文のようなホールスタッフとお客の会話をしてみましょう。

「냉면」에는 매운 냉면, 맵지 않은 냉면 등, 그 종류가 여러 가지 있습니다. 냉면에는 어떤 종류가 있는지, 그리고 일본어로는 어떻게 표기를 하는지 찾아보고 메뉴를 완성시키시오. 그 다음에 본문과 같이 홀 스태프와 손님과의 대화를 만드시오.

メニュー

冷麺

-
-
-
-
-
-
-

いろいろな種類のジョン

여러 가지 종류의 전

日本では「チヂミ」と言われている「ジョン」。ジョンにもいろいろあります。日本語では何と言えばいいでしょう。

일본에서는 「전」을 「チヂミ」라고 한다. 「전」에도 여러 가지 있습니다. 일본어로는 어떻게 말하면 될까요?

감자전

김치전

해물파전

녹두전

부추전

호박전

Note

Part I
レストラン

LESSON 04

まず、敬語のない会話を読んでみましょう。 우선 경어가 아닌 대화를 읽어보시오.

ホールスタッフ： 注文は決まりましたか。

客： もう少し待ってください。ここのおすすめは何ですか。

ホールスタッフ： そうですね、、、ソルロンタンなどは日本人の客に人気がありますが、、、、。

客： それはどんなものですか。

ホールスタッフ： ソルロンタンは牛肉のスープに薄切りの牛肉とそうめんを入れたものです。塩、こしょうを入れて食べてください。

客： じゃあ、とりあえずそれをください。あとビールも。

관광전공인을 위한
서비스일본어

敬語のある会話を読んでみましょう。 경어로 된 대화를 읽어보시오.

ホールスタッフ： ご注文はお決まりですか。

客： もう少し待ってください。ここのおすすめは何ですか。

ホールスタッフ： そうですね、、、ソルロンタンなどは日本人のお客様に人気がありますが、、、。

客： それはどんなものですか。

ホールスタッフ： ソルロンタンは牛肉のスープに薄切りの牛肉とそうめんを入れたものです。塩、こしょうを入れてお召し上がりください。

客： じゃあ、とりあえずそれをください。あとビールも。

重要単語 중요단어

決まる : 정해지다, 결정되다
もう少し : 조금 더
すすめる : 추천하다
ソルロンタン : 설렁탕
人気 : 인기
どんな : 어떤
もの : 것
牛肉 : 소고기

スープ : 국물, 수프
薄切り : 얇게 썲
そうめん : 소면
入れる : 넣다
塩 : 소금
こしょう : 후춧가루
召し上がる : 드시다
あと : 그리고

Part I レストラン | LESSON 04

本文の内容を確認しましょう。 본문의 내용을 확인합시다.

홀 스태프 :	주문하시겠습니까?(직역을 하면 주문할 것이 결정됐습니까)
손님 :	조금 더 기다려주세요. 이곳의 추천 메뉴는 무엇입니까?
홀 스태프 :	글쎄요..... 설렁탕 등은 일본인손님에게 인기가 있습니다만.....
손님 :	그건 어떤 것입니까?
홀 스태프 :	설렁탕은 소고기 스프에 얇게 썬 소고기와 면을 넣은 음식입니다. 소금과 후추를 넣어서 드십시오.
손님 :	그럼, 우선 그것을 주세요. 그리고 맥주도.

本文の内容と合っていれば○、そうでなければ×をつけなさい。
본문 내용과 맞으면○, 그렇지 않으면 ×표를 하시오.

① ここはコーヒーショップです。　　　　　　　　　　(　　)

② お客さんはソルロンタンを食べたことがあります。　(　　)

③ 日本人はソルロンタンが好きです。　　　　　　　　(　　)

④ ソルロンタンは塩を入れて食べます。　　　　　　　(　　)

⑤ お客さんはソルロンタンだけ注文しました。　　　　(　　)

HINT

〜たことがあります : 〜한 적이 있습니다　　　だけ : 만

重要表現  중요표현

1　ご注文はお決まりですか。

「ご注文」は「注文」の尊敬語。注文するのはお客なので、漢字語の「注文」を尊敬語にするため「ご」をつけている。

「お決まりですか」は「決まりましたか/決まっていますか」の尊敬語。「お＋ます形＋です」は、現在の状態や、すぐ起りそうな状態を表わす。客にメニューは決まっているのか尊敬語で尋ねなければならない場面なので、「決まりましたか」ではなく「お決まりですか」と言うのがいい。

「ご注文」은 「注文」의 존경어이다. 주문하는 사람은 손님이기 때문에 한자어인 「注文」을 존경어로 하기 위해 「ご」를 연결한다.

「お決まりですか」는 「決まりましたか/決まっていますか」의 존경어이다. 「お＋ます형＋です」는 현재 상태나 곧 일어날 것 같은 상태를 나타낸다. 손님에게 메뉴는 정해져있는지 존경어로 물어봐야만 하는 장면이기 때문에 「決まりましたか」가 아니라 「お決まりですか」라고 말하는 것이 좋다.

- お連れの方はあちらでお待ちです。
- メンバーズカードをお持ちですか。

単語 단어

お連れの方：같이 오신 분
メンバーズカード：멤버쉽 카드
持つ：갖다

2　お召し上がりください。

　お客には「食べてください」でははなく、尊敬語で言わなければならない。「食べる」の尊敬語は「召し上がる」なので、「て形」に「ください」をつけて、「召し上がってください」としても、本来なら敬語として問題はないが、最近日本の接客業界では「お召し上がりください」という表現が一般的に使われている。これは「～てください」の尊敬語表現(「お＋ます形＋ください」)である。

　손님에게는「食べてください」가 아니라 존경어로 말해만 한다.「食べる」의 존경어는「召し上がる」이기 때문에「て형」에「ください」를 연결하고「召し上がってください」라고 해도 경어로서는 문제가 없지만 최근 일본 서비스업계에서는「お召し上がりください」라는 표현이 일반적으로 사용되고 있다. 이것은「～てください」존경표현(「お＋ます형＋ください」)이다.

召し上がる　→　お＋召し上がり（ます）＋ください　→　お召し上がりください

その他「～てください」の尊敬語表現を例文で確認してみよう。
그 밖의「～てください」의 존경표현을 예문으로 확인하시오.

- あちらのエレベーターをお使いください。
- 塩をお入れください。
- こちらからお入りください。

単語 단어

エレベーター : 엘리베이터　　　　　　入る : 들어가다
使う : 사용하다

연습문제

1. **韓国語を日本語に直してみましょう。**
   한국어를 일본어로 고치시오.

   홀 스태프 :   주문하시겠습니까?(직역을 하면 주문할 것이 결정됐습니까)
   손님 :   조금 더 기다려주세요.
                이곳의 추천 메뉴는 무엇입니까?
   홀 스태프 :   글쎄요..... 설렁탕 등은 일본인손님에게 인기가 있습니다만.....
   손님: 그건 어떤 것입니까?
   홀 스태프 :   설렁탕은 소고기 스프에 얇게 썬 소고기와 면을 넣은
                음식입니다.
                소금과 후추를 넣어서 드십시오.
   손님 :   그럼, 우선 그것을 주세요. 그리고 맥주도.

2. ＿＿＿＿部分を尊敬表現にしてみましょう。
   줄친 부분을 존경표현으로 하시오.

   ① お連れの方はあちらで 待っています。
   ▶ ＿＿＿＿＿＿＿＿＿＿＿＿＿＿＿＿＿＿＿＿

   ② ポイントカードは 持っていますか。
   ▶ ＿＿＿＿＿＿＿＿＿＿＿＿＿＿＿＿＿＿＿＿

   ③ お客様、ケータイ電話を 忘れています。
   ▶ ＿＿＿＿＿＿＿＿＿＿＿＿＿＿＿＿＿＿＿＿

   ④ 化粧室はただいま他のお客様が 使っています。
   ▶ ＿＿＿＿＿＿＿＿＿＿＿＿＿＿＿＿＿＿＿＿

単語 단어

ポイントカード：포인트 카드	化粧室：화장실
ケータイ電話：휴대폰	ただいま：지금, 방금
忘れる：잊다	

3. 下の料理の食べ方を「〜て お召し上がりください」という表現を使って説明しましょう。
   아래 음식의 먹는 방법을 「〜て お召し上がりください」의 표현을 사용하여 설명하시오.

   ①  HINT → よく混ぜる(잘 섞다)
   ➡ _____

   ②  HINT → 塩をつける(소금을 찍다)
   ➡ _____

   ③  HINT→お酢を入れる(식초를 넣다)
   ➡ _____

   ④ 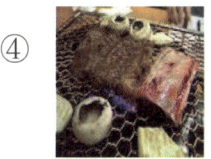 HINT→はさみで切る(가위로 자르다)
   ➡ _____

4. 客に「お+ます形+ください」を使ってどのように言えばいいでしょうか。
   손님에게 「お+ます형+ください」를 사용하여 어떻게 말하면 좋을까요.

   ① 客:すみませんが、ボールペンありますか。
   　ホールスタッフ:はい、どうぞこちらを<u>使ってください</u>。
   ➡ _____

② 店員：こちらの塩を入れて召し上がってください。

客：分かりました。

➡ _____

③ 客：すみません、ここに座ってもいいですか。

ホテルスタッフ：どうぞ座ってください。

➡ _____

④ お客：すみません、この新聞、読んでもいいですか。

ホテルのスタッフ：どうぞ読んでください。

➡ _____

⑤ 客：おいしそうですね。いただきます。

ホールスタッフ：この季節ならではの料理を楽しんでください。

➡ _____

⑥ 客：ごちそうさまでした。

ホールスタッフ：気をつけて帰ってください。

➡ _____

単語 단어

座る : 앉다
～てもいい : ~해도 좋다
新聞 : 신문
読む : 읽다
おいしそう : 맛있어 보인다
いただきます : 잘 먹겠습니다

季節 : 계절
～ならではの : ~에서 만의
楽しむ : 즐기다
ごちそうさまでした : 잘 먹었습니다
気をつける : 조심하다, 주의하다
帰る : 집에 가다

5. （　　）の中に適当な言葉を入れて会話を完成させてみましょう。
（　）안에 적당한 말을 넣어 대화를 완성시키시오.

ホールスタッフ：　（　　）注文は（　　　　　　　）。

客：　もう少し待ってください。ここのおすすめは何ですか。

ホールスタッフ：　そうですね、、、ソルロンタンなどは日本人の
　　　　　　　　　（　　　　　　）に人気がありますが、、、。

客：　それはどんなものですか。

ホールスタッフ：　ソルロンタンは牛肉のスープに薄切りの牛肉とそ
　　　　　　　　　うめんを入れたものです。塩、こしょうを入れて
　　　　　　　　　（　　　　　　　　）。

客：　じゃあ、とりあえずそれをください。あとビールも。

応用練習

응용연습

下の文章を読んで何の料理を説明しているのか、文章と料理を線で結んでみましょう。
아래의 문장을 읽고 무슨 음식을 설명하고 있는지 문장과 음식을 연결하시오.

① ○○は辛いスープにおぼろ豆腐やアサリなどを入れたものです。生卵を入れて食べます。とても辛いですが、おいしいです。

スンドゥブチゲ

② △△はご飯の上にいろいろなナムルや目玉焼きをのせたものです。コチュジャンを入れてよく混ぜてお召し上がりください。

海鮮ねぎチヂミ

③ □□はネギ、イカ、エビなどを入れたチヂミです。醤油ベースのタレにつけて食べます。ぜひマッコリと一緒にお召し上がりください。

ビビンバ

④ ☆☆は韓国の餅をコチュジャンと砂糖で炒めたものです。韓国では女性や子供に人気のあるメニューです。

トッポギ

単語 단어

辛い：맵다	コチュジャー：고추장
おぼろ豆腐：순두부	ネギ：파
アサリ：바지락	イカ：오징어
生卵：날계란	エビ：새우
いろいろな：여러 가지	醤油ベース：간장베이스
ナムル：나물	タレ：장국
目玉焼き：계란 후라이	ぜひ：꼭, 반드시
のせる：얹다	マッコリ：막걸리
	炒める：볶다

次に韓国料理の説明に必要な基本的な単語を辞書で調べてみましょう。

다음은 한국요리 설명에 필요한 기본적인 단어를 사전으로 찾아보시오.

식 재 료

돼지고기	⇨ ( )	닭고기	⇨ ( )	생선	⇨ ( )
조개	⇨ ( )	두부	⇨ ( )	계란	⇨ ( )
시금치	⇨ ( )	당근	⇨ ( )	감자	⇨ ( )
백주	⇨ ( )	양파	⇨ ( )	마늘	⇨ ( )
생강	⇨ ( )	애호박	⇨ ( )	상추	⇨ ( )

조 미 료

된장	⇨ ( )	고추장	⇨ ( )	강장	⇨ ( )
소금	⇨ ( )	고춧가루	⇨ ( )	설탕	⇨ ( )

＜요리 방법＞

튀기다	⇨ ( )	굽다	⇨ ( )	끓이다	⇨ ( )

요리 종류

볶음밥	⇨ ( )	찌개	⇨ ( )	전	⇨ ( )

日本人の観光客にぜひ食べてもらいたい韓国料理は何ですか。その料理を日本語で説明してみましょう。

일본인 관광객이 꼭 먹었으면 하는 한국음식은 무엇입니까? 그 음식을 일본어로 설명하시오.

Note

LESSON 05

まず、敬語のない会話を読んでみましょう。 우선 경어가 아닌 대화를 읽어보시오.

客： お勘定お願いします。
レジ： 一緒でいいですか。
客： はい。
レジ： コリコムタンが8,300ウォン、ビビンバが6,800ウォン、ビールが3,600ウォン、全部で18,700ウォンです。
客： これは税込みですか。
レジ： はい、そうです。20,000ウォン預かります。1,300ウォンのおつりです。
客： すみませんが、領収書をください。
レジ： はい、どうぞ。ありがとう。

관광전공인을 위한
서비스일본어

敬語のある会話を読んでみましょう。 경어로 된 대화를 읽어보시오.

客： お勘定お願いします。

レジ： ご一緒でよろしいですか。

客： はい。

レジ： コリコムタンが8,300ウォン、ビビンバが6,800ウォン、ビールが3,600ウォン、全部で18,700ウォンです。

客： これは税込みですか。

レジ： はい、そうです。20,000ウォンお預かりいたします。1,300ウォンのおつりです。

客： すみませんが、領収書をください。

レジ： はい、どうぞ。ありがとうございました。

重要単語 중요단어

勘定：계산	税込み：세금포함
一緒で：같이, 함께	預かる：맡다, 받다
よろしい：いいの 겸양어	おつり：거스름돈
コリコムタン：꼬리곰탕	領収書：영수증
ウォン：한국화폐 단위 원	どうぞ：영어의 please와 같다
全部で：전부 합쳐서	

本文の内容を確認しましょう。 본문의 내용을 확인합시다.

> 손님 : 계산 부탁합니다.
> 계산원 : 함께 계산하시겠습니까?
> 손님 : 네.
> 계산원 : 꼬리곰탕이 8,300원, 비빔밥이 6,800원, 맥주가 3,600원, 전부해서 18,700원입니다.
> 손님 : 이것은 세금포함 된 겁니까?
> 계산원 : 예, 그렇습니다. 20,000원 받았습니다. 1,300원 잔돈입니다.
> 손님 : 미안하지만, 영수증을 주세요.
> 계산원 : 예, 여기 있습니다. 감사합니다.

本文の内容と合っていれば○、そうでなければ×をつけなさい。
본문 내용과 맞으면○, 그렇지 않으면 ×표를 하시오.

❶ お客さんは今、コリコムタンを食べています。　　　(　　)

❷ お客さんは一人でこの店に来ました。　　　(　　)

❸ ビールも飲みました。　　　(　　)

❹ 全部で20,000ウォンです。　　　(　　)

❺ おつりは13,000ウォンです 。　　　(　　)

❻ お客さんは領収書がほしいです。　　　(　　)

重要表現  중요표현

1 お勘定お願いします。

「勘定」は代金を支払うという意味。同じ意味に「会計」もある。ここでは客が丁寧に「お」をつけて「お勘定」と表現している。「勘定」はもともとは漢字語なので丁寧語にするときには「ご」をつけるべきであるが、「勘定」は例外で、和語のように「お」をつける。このように漢字語なのに「お」をつける単語がいくつかある(お電話、お料理、お食事、お時間など)ので注意が必要である。また、飲食店でよく使われる「お」のつく単語には次のようなものがあるので併せて覚えたい。

「勘定(かんじょう)」는 대금을 지불한다는 의미이다. 같은 의미인 「会計(かいけい)」도 있다. 여기에서는 손님이 정중하게 「お」를 연결해서 「お勘定(かんじょう)」라고 표현하고 있다. 「勘定」는 원래 한자어이기 때문에 정중어로 할 때에는 「ご」를 연결해야만 하지만 「勘定」는 예외로 순수일본어와 마찬가지로 「お」를 부친다. 이렇게 한자어인데도 「お」를 연결하는 단어가 몇 가지 [お電話(でんわ)、お料理(りょうり)、お食事(しょくじ)、お時間(じかん)등] 있기 때문에 주의 할 필요가 있다. 또 음식점에서 자주 사용되는 단어 중, 「お」가 연결되는 것이 있으니 같이 기억하자.

お水　　お箸　　お皿　　お茶

2 ご一緒でよろしいですか。

お客が二人以上の場合、人数分をまとめて支払うのかどうか確認する表現。お客が「一緒」に計算するので、敬語の「ご」をつけ、さらに「いいです」は丁寧語の「よろしいです」に変えて表現している。このようにお客に大丈夫か確認するときには「～よろしいですか。」と聞けばいい。

손님이 두사람 이상인 경우, 인원수를 합쳐서 지불하는지의 여부를 확인하는 표현이다. 손님이 같이 계산하기 때문에 경어인 「ご」를 연결하고, 나아가 「いいです」는 정중어인 「よろしいです」로 바꾸어서 표현하고 있다. 이렇게 손님이 괜찮은지를 확인할 때에는 「～よろしいですか」라고 물으면 된다.

- ご一緒がよろしいですか。別々がよろしいですか。
- 相席でもよろしいですか。
- カウンター席でもよろしいですか。

3 　20,000ウォンお預かりいたします。

「預かる」の本来の意味は「保管する」という意味である。代金よりもお客が多く支払って、お釣りを出さなければならない状況では、一時的に預かるだけですよという意味で、「預かる」という表現を使う。お客のお金を預かるという店員の行動なので、謙譲語にしなければならない。ここでは「お＋ます形＋します」よりももっとへりくだった「お＋ます形＋いたします」にしている。

預かる　→　お　＋　預かり(ます)　＋　いたします　→　お預かりいたします

「預(あずか)る」의 본래의 의미는 「保管(ほかん)する 보관하다」라는 의미이다. 대금보다도 손님이 많이 지불해서 거스름돈을 내줘야만할 상황에서는 일시적으로 맡는다(보관하다)라는 의미로 「預(あずか)る」라는 표현을 사용한다. 손님의 돈을 맡는다(보관하다)는 점원의 행동이기 때문에 겸양어로 해야만 한다. 여기에서는 「お＋ます형＋します」보다도 더 낮춘 「お＋ます형＋いたします」로 하고 있다.

- こちらにサインをお願いいたします。
- 大変お待たせいたしました。
- タクシーをすぐにお呼びいたします。

単語 단어

別々：따로따로, 각자	サイン：사인
相席：합석	大変：매우, 대단히
カウンター席：카운터 좌석	呼ぶ：부르다

연습문제

1. 韓国語を日本語に直してみましょう。
한국어를 일본어로 고치시오.

손님 : 계산 부탁합니다.

계산원 : 함께 계산하시겠습니까?

손님 : 네.

계산원 : 꼬리곰탕이 8,300원, 비빔밥이 6,800원, 맥주가 3,600원, 전부해서 18,700원입니다.

손님 : 이것은 세금포함 된 겁니까?

계산원 : 예, 그렇습니다. 20,000원 받았습니다. 1,300원 잔돈입니다.

손님 : 미안하지만, 영수증을 주세요.

계산원 : 예, 여기 있습니다. 감사합니다.

2. 数字の読み方をひらがなで（　　　）に書いてみましょう。
숫자 읽는 방법을 ひらがな로 ( )에 쓰시오.

100 ( )	1,000 ( )	10,000 ( )
200 ( )	2,000 ( )	20,000 ( )
300 ( )	3,000 ( )	30,000 ( )
400 ( )	4,000 ( )	40,000 ( )
500 ( )	5,000 ( )	50,000 ( )
600 ( )	6,000 ( )	60,000 ( )
700 ( )	7,000 ( )	70,000 ( )
800 ( )	8,000 ( )	80,000 ( )
900 ( )	9,000 ( )	90,000 ( )

3. 領収書を見て①から④の金額を言ってみましょう。
영수증을 보고 ①에서④까지의 금액을 말하시오.

① サムゲタン
　➡ _____

② キムチチゲ
　➡ _____

③ カムジャジョン
　➡ _____

④ カルググス
　➡ _____

⑤ 全部で
　➡ _____

영수증	
메뉴명	금액
삼계탕	13,000
김치찌개	8,600
칼국수	7,800
감자전	6,300
주문총액	35,700
감사합니다！！！	

4. ①〜④のお客さんは何を必要としていますか。お客さんが必要としている物と線で結んでください。
   ①〜④의 손님은 무엇을 원합니까? 손님이 필요로 하고 있는 물건을 연결하시오.

① お箸をお願いします。　　●　　　　　●　

② お水をお願いします。　　●　　　　　●　

③ 領収書をお願いします。　●　　　　　●　

④ お皿をお願いします。　　●　　　　　●　

⑤ お茶をお願いします。　　●　　　　　●　

5. 会話を読んで、（　　　）の表現のうち、適切な表現を選んでみましょう。
   대화를 읽고 (　)의 표현 중, 적당한 것을 고르시오.

① 客：　お会計お願いします。

レジ：別々で(いいですか / よろしいですか)。

② 客： 日本のクレジットカードでも(いいですか / よろしいですか)。
　　レジ：はい。大丈夫です。

③ ホールスタッフ： カウンター席でも(いいですか / よろしいですか)。
　　客： テーブル席が(いいです / よろしいです)。

④ 学生： 先生、具合が悪いんですが、今日は早退しても
　　　　　(いいですか / よろしいですか)。
　　先生： 仕方がないですね。お大事に。

6. お客さんから①～④を預かりました。何と言って預かればいいですか。
   손님으로부터 ①～④를 맡았습니다. 어떻게 말하면서 맡으면 될까요?

① ➡ _____

② ➡ _____

単語 단어

クレジットカード：신용카드　　　　　具合が悪い：상태가 안 좋다, 몸이 불편하다
大丈夫：괜찮다
テーブル席：테이블 석　　　　　　　仕方がない：할 수 없다
　　　　　　　　　　　　　　　　　お大事に：몸조심 하세요

③ ➡ _____

④ ➡ _____

7. (　　)の中に適当な言葉を入れて会話を完成させてみましょう。

(　)안에 적당한 말을 넣어 대화를 완성시키시오.

客：　　お勘定お願いします。

レジ：　（　　　）一緒で（　　　　　　）。

客：　　はい。

レジ：　コリコムタンが8,300ウォン、ビビンバが6,800ウォン、ビールが3,600ウォン、全部で18,700ウォンです。

客：　　これは税込みですか。

レジ：　はい、そうです。20,000ウォン（　　　　　　　）。1,300ウォンのおつりです。

客：　　すみませんが、領収書をください。

レジ：　はい、どうぞ。（　　　　　　　　　）。

応用練習 — 응용연습

飲食店のレシートを日本語で作成し、本文のような客とレジの会話を実際にお金やレシートの受け渡しをしながらやってみましょう。

음식점의 영수증을 일본어로 작성하고 본문과 같이 손님과 카운터와의 대화를 실제로 돈이나 영수증을 건네면서 해 보시오.

レシート

品目　　　　　　　　　　　　**金額**

＿＿＿＿＿＿＿＿＿＿　　　　＿＿＿＿＿＿＿＿＿＿

＿＿＿＿＿＿＿＿＿＿　　　　＿＿＿＿＿＿＿＿＿＿

＿＿＿＿＿＿＿＿＿＿　　　　＿＿＿＿＿＿＿＿＿＿

＿＿＿＿＿＿＿＿＿＿　　　　＿＿＿＿＿＿＿＿＿＿

合計金額　　＿＿＿＿＿＿＿＿＿＿

またお越しください！
レストラン　ハニャン
☎01-234-5678
ソウル市　城東区　漢陽路1

単語 단어

品目 : 품목
金額 : 금액
合計 : 합계
またお越しください : 또 오십시오

日本の紙幣と硬貨
にほん　しへい　こうか

일본의 화폐와 동전

Note

관광전공인을 위한
서비스일본어

Part II

はんばい
販売

LESSON 01

まず、敬語のない会話を読んでみましょう。 우선 경어가 아닌 대화를 읽어보시오.

店員： いらっしゃいませ。どのような物を探していますか。

客： ショルダーバッグなんですけど、、、

店員： でしたら、これはどうですか。新しいデザインですよ。

客： もう少し大きいのはないですか。Ａ４サイズが入るくらいの。

店員： そうですね。これはどうですか。今、セール中です。

客： いくらですか。

관광전공인을 위한
서비스일본어

敬語のある会話を読んでみましょう。 경어로 된 대화를 읽어보시오.

店員： いらっしゃいませ。どのような物をお探しですか。

客： ショルダーバッグなんですけど、、、

店員： でしたら、こちらはいかがですか。新しいデザインでございます。

店員： もう少し大きいのはないですか。A4サイズが入るくらいの。

客： そうですね。こちらはいかがですか。ただいまセール中でございます。

店員： いくらですか。

重要単語 중요단어

どのような：어떠한
物：물건
探す：찾다
ショルダーバッグ：숄더백
いかが：어떠신지

デザイン：디자인
もう少し：조금 더
サイズ：사이즈
セール中：세일 중

本文の内容を確認しましょう。 본문의 내용을 확인합시다.

> 점원 : 어서 오십시오. 어떤 것을 찾으십니까?
> 손님 : 숄더백인데요…
> 점원 : 그러면, 이것은 어떠십니까? 새로운 디자인입니다.
> 손님 : 조금 더 큰 것은 없어요? A4사이즈가 들어갈 정도의…
> 점원 : 그러세요… 이것은 어떠십니까? 지금 세일중입니다.
> 손님 : 얼마예요?

本文の内容と合っていれば○、そうでなければ×をつけなさい。 본문 내용과 맞으면 ○, 그렇지 않으면 X표를 하시오.

① お客さんは今、レストランにいます。　　　　　　　　（　）

② お客さんはバッグが買いたいです。　　　　　　　　　（　）

③ 最初に新しいデザインのバッグを見ました。　　　　　（　）

④ お客さんはそのバッグが気に入りました。　　　　　　（　）

⑤ 次に少し大きいバッグを見ました。　　　　　　　　　（　）

⑥ 今、この店では安くバッグを買うことができます。　　（　）

HINT

最初 : 최초
気に入る : 마음에 들다
次 : 다음

安く : 싸게
～ことができる : ～할 수 있다

重要表現  중요표현

1 どのような物をお探しですか。

「お探しですか」は「探していますか」の尊敬語。客に何を探しているのか尋ねる場面なので、レストラン4課で学んだ「～ています」の尊敬語「お＋ます形＋です」の形に変えなければならない。

「お探(さが)しですか」는「探(さが)していますか」의 존경어이다. 손님에게 무엇을 찾고 있는지를 물어보는 장면이기 때문에 레스토랑 4과에서 배운「～ています」의 존경어표현인「お＋ます형＋です」의 형태로 바꿔야만 한다.

- とてもお似合いです。
- 何かお困りですか。
- お財布をお忘れです。

2 こちらはいかがですか。

「これ」の丁寧な表現は「こちら」、「どうですか」の丁寧な表現は「いかがですか」。お客に品物等を勧める時によく使われる表現である。

「これ」의 정중한 표현은「こちら」이며「どうですか」의 정중한 표현은「いかがですか」이다. 손님에게 상품 등을 권유할 때에 자주 사용되는 표현이다.

単語 단어

似合う : 어울리다
何か : 무언가
困る : 곤란하다

財布 : 지갑
忘れる : 잊다

🍱 こちらのデザインはいかがですか。

🍱 コーヒーでございます。コーヒーはいかがですか。

状態を確認したり意見を聞く場合にも「いかがですか」は使われる。
상태를 확인하거나 의견을 묻는 경우에도「いかがですか」가 사용된다.

🍱 お体の具合いはいかがですか。

🍱 デザインはいかがですか。

この他の丁寧な表現
그 밖의 정중한 표현

普通の言葉 보통체	丁寧な表現 정중체	普通の言葉 보통체	丁寧な表現 정중체
今日(오늘)	本日	このあいだ(요즘)	先日
今(지금)	ただいま	今度(이번)	このたび/今回
私(나)	私	本当に(정말로)	まことに
この人(이 사람)	この方/こちらの方	ちょっと(잠깐, 좀)	少々
これから(앞으로)	今後	すごく(아주, 매우)	たいへん/非常に
後で(나중에)	後ほど	いくら(얼마)	いかほど/おいくら
さっき(아까, 조금 전)	さきほど	いい(좋다)	よろしい

単語 단어

体の具合い : 몸 상태

연습문제

1. 韓国語を日本語に直してみましょう。
   한국어를 일본어로 고치시오.

   점원 : 어서 오십시오. 어떤 것을 찾으십니까?

   손님 : 숄더백인데요…

   점원 : 그러면, 이것은 어떠십니까? 새로운 디자인입니다.

   손님 : 조금 더 큰 것은 없어요? A4 사이즈가 들어갈 정도의…

   점원 : 그러세요… 이것은 어떠십니까? 지금 세일중입니다.

   손님 : 얼마예요?

2. 次のような客になんと日本語で声をかければいいでしょうか。
   다음과 같은 손님에게 일본어로 뭐라고 말을 걸면 좋을까요?

   ①  ➡ _____

   ②  ➡ _____

   ③  ➡ _____

   ④  ➡ _____

3. 次の文章を丁寧な表現に変えてみましょう。
   다음 문장을 정중한 표현으로 바꾸시오.

   ① 今日のおすすめはこれです。

   ➡ _____

   ② 本当にありがとう。

   ➡ _____

③ 私がマネージャーのキムです。
　➡ _____

④ これからもよろしく。
　➡ _____

⑤ 今、案内します。
　➡ _____

4. 客がほしいと思っているバッグはどんなバッグでしょうか。
   下から選んでみましょう。
   손님이 원하고 있는 핸드백은 어떤 백입니까? 아래에서 고르시오.

　　店員　どのようなものをお探しですか。

① ショルダーバッグなんですけど、、、

　➡ _____

② ちょっと派手なバッグなんですけど、、、

　➡ _____

③ スーツケースなんですけど、、、

　➡ _____

④ リュックなんですけど、、、

　　➡ _____

⑤ 黒くて大きいバッグなんですけど、、、

　　➡ _____

5. (　　)の中に適当な言葉を入れて会話を完成させてみましょう。
   (　　)안에 적당한 말을 넣어 대화를 완성시키시오.

   店員：　いらっしゃいませ。どのような物を(　　　　　)。

   客：　　ショルダーバッグなんですけど、、、

   店員：　でしたら、(　　　　　　)。
   　　　　新しいデザイン(　　　　　　　)。

   客：　　もう少し大きいのはないですか。Ａ４サイズが入るくらいの。

   店員：　そうですね。(　　　　　　)。
   　　　　(　　　)セール中(　　　　　　)。

   客：　　いくらですか。

単語 단어

ちょっと：잠깐, 좀	リュック：백팩
派手な：화려한, 화사한	黒い：검은
スーツケース：여행가방	

応用練習

응용연습

ミッションカード（mission card）を参考にし、免税店の店員と
お客になったつもりで、役割練習をしてみましょう。

mission card를 참고로 하여 면세점 점원과 손님이 되어 역할연습을 하시오.

---

mission card 店員(점원)

お客様にまず新製品のショルダーバッグを売り込んでください。今、セール中なので他のバッグもどんどん売り込んでください。

손님에게 우선 신제품인 숄더백을 권유해 팔아 보시오. 지금 세일 중이니까 다른 백도 많이 권유해 팔아보시오.

---

mission card お客(손님)

免税店にバッグを買いに来ました。小さくてかわいいハンドバッグがほしいです。セールをしていたら絶対に買おうと思っています。

면세점에 백을 구입하러 왔습니다. 작고 귀여운 백을 원합니다.
세일을 하고 있다면 꼭 사려고 합니다.

HINT : 신제품：新製品 / 작다：小さい / 귀엽다：かわいい

日本人に人気のブランド・ランキング

일본인에게 인기가 있는 브랜드・랭킹

カタカナを読んでみましょう。日本人に人気のブランドはなんでしょう〜。

カタカナを 읽어보시오. 일본인에게 인기 있는 브랜드는 무엇일까요?

1位　ルイ・ヴィトン
2位　バーバリー
3位　ヴィヴィアン・ウエスト・ウッド
4位　コーチ
5位　エルメス

参照（http://kuchiran.jp/enta/brand.html）

LESSON 02

まず、敬語のない会話を読んでみましょう。 우선 경어가 아닌 대화를 읽어보시오.

店員: いらっしゃいませ。支払いはどのようにしますか。

客: トラベラーズチェックは使えますか。

店員: はい、使えます。全部で97ドルです。

客: じゃあ、100ドルで。

店員: こちらにサインをお願いします。

パスポートと搭乗券もお願いします。

≪パスポートと搭乗券をもらう≫はい。ありがとうございました。

관광전공인을 위한
서비스일본어

敬語のある会話を読んでみましょう。 경어로 된 대화를 읽어보시오.

店員： いらっしゃいませ。お支払いはどのようになさいますか。

客： トラベラーズチェックは使えますか。

店員： はい、お使いになれます。全部で97ドルでございます。

客： じゃあ、100ドルで。

店員： こちらにサインをお願いいたします。

パスポートと搭乗券もお願いいたします。

≪パスポートと搭乗券をもらう≫ はい。ありがとうございました。

重要単語 중요단어

支払い：지불
どのように：어떤 식으로
トラベラーズチェック：여행자수표
使う：사용하다

ドル：달러
サイン：사인
パスポート：여권
搭乗券：탑승권

本文の内容を確認しましょう。 본문의 내용을 확인합시다.

> 점원 : 어서 오십시오. 지불은 어떻게 하시겠습니까?
> 손님 : 여행자수표, 사용할 수 있어요?
> 점원 : 예, 사용하실 수 있습니다. 전부해서 97달러입니다.
> 손님 : 그럼 100달러로 계산해주세요.
> 점원 : 여기에 사인을 부탁드립니다.
> 　　　 여권과 탑승권도 부탁드립니다.
> 　　　 ≪여권과 탑승권을 받는다.≫ 네, 감사합니다.

本文の内容と合っていれば○、そうでなければ×をつけなさい。

본문 내용과 맞으면 ○, 그렇지 않으면 ×표를 하시오.

① お客さんは今、デパートにいます。　　　　　　（　）

② お客さんは100ドルの物を買いました。　　　　（　）

③ お客さんは97ドル払いました。　　　　　　　（　）

④ お客さんは搭乗券にサインをします。　　　　（　）

⑤ お客さんのパスポートは今、家にあります。　（　）

HINT

デパート : 백화점　　　　　　　　買う : 사다
物 : 물건　　　　　　　　　　　　払う : 지불하다

重要表現  중요표현

1 お支払いはどのようになさいますか。

　動詞のます形が名詞として働く場合がある。動詞「支払う(지불하다)」のます形「支払い」は「支払います」では動詞だが、「支払い」は名詞で意味は「지불」となる。「お支払い」は「支払い」に「お」が付いたもので、「支払い(지불)」の尊敬語である。お客のお金を払うという行動を尊敬語で表現している。「支払い」は漢字語ではなく和語なので「お」をつける。

　동사의 ます형이 명사로서 쓰이는 경우가 있다. 동사「支払(しはら)う[지불하다]」의 ます형인「支払(しはらい)い」는「支払います」로는 동사이지만, 「支払い」는 명사의 의미인「지불」이 된다.「お支払い」는「支払い」에「お」를 연결한 것으로「支払い(지불)」의 존경어이다. 손님의 돈을 지불하는 행동을 존경어로 표현하고 있다.「支払い」는 한자어가 아니라 순수한 일본어이기 때문에「お」를 연결한다.

- 申し込む ⇨ お申し込みはこちらまでお願いいたします。
- 問い合わせる ⇨ お問い合わせはこちらまでお願いいたします。

　「なさいます」は「する」の尊敬語「なさる」のます形。「なさります」ではなく「なさいます」となるので注意。

　「なさいます」는「する」의 존경어「なさる」의 ます형이다.「なさります」가 아니라「なさいます」가 된다는 점을 주의.

- 色は赤と黒のどちらになさいますか。

単語 단어

申し込む：신청하다　　　　　　　　　色：색깔
問い合わせる：문의하다　　　　　　　どちら：어느 쪽

2 トラベラーズチェックは使えますか。

「使(つか)えます」は「使(つか)う」の可能形(かのうけい)である。
「使(つか)えます」는「使(つか)う」의 가능형이다.

1그룹동사 : 使(つか)う (t s u   k a   u → e + m a s u)
　　　　　　⇨　使(つか)えます
　　　　　　　書(か)く (k a   k u → k e + m a s u)
　　　　　　⇨　書(か)けます
2그룹동사 : 見(み)る (m i   r u → r a r e   m a s u)
　　　　　　⇨　見(み)られます
불규칙동사 : する ⇨ できる　/　来(く)る ⇨ 来(こ)られる

3 お使いになれます。

客(きゃく)の「使(つか)えますか。(사용할 수 있어요？)」という問(と)いに対(たい)する返答(へんとう)である。お客(きゃく)の行動(こうどう)なので、尊敬語(そんけいご)で表現(ひょうげん)しなければならない。尊敬語(そんけいご)は「お＋動詞(どうし)ます形(けい)＋になります」なので、「お使(つか)いになります」となる。ここではさらに可能形(かのうけい)にしなければならない。

손님의「使(つか)えますか[사용할 수 있어요?]」라는 질문에 대한 대답이다. 손님의 행동이기 때문에 존경어로 표현해야만 한다. 존경어는「お＋동사ます형＋になります」이기 때문에「お使いになります」가 된다. 여기에서는 더 나아가 가능형으로 해야만 한다.

お使(つか)いになる (1그룹동사, 使う의 존경어)
o   t s u k a i n i n a r u → r e + m a s u

⇨　お使(つか)いになれます

- このクーポンは全店でお使いになれます。
- コーヒーは何杯でもお飲みになれます。

単語 단어

クーポン：쿠폰	何杯：몇 잔
全店：전 매장	でも：〜라도

練習問題

연습문제

1. 韓国語を日本語に直してみましょう。
   한국어를 일본어로 고치시오.

   점원 :   어서 오십시오. 지불은 어떻게 하시겠습니까?

   손님 :   여행자수표, 사용할 수 있어요?

   점원 :   예, 사용하실 수 있습니다. 전부해서 97달러입니다.

   손님 :   그럼 100달러로 계산해주세요.

   점원 :   여기에 사인을 부탁드립니다.

   　　　 여권과 탑승권도 부탁드립니다.

   　　　 ≪여권과 탑승권을 받는다.≫ 네. 감사합니다.

2. 次の動詞の意味を調べて、名詞に変えてみましょう。その意味も書いてください。
   다음 동사의 의미를 찾아보고 명사로 바꾸시오. 그 의미도 쓰시오.

   ① 支払う

   ➡ _____

   ② 受け付ける

   ➡ _____

   ③ 申し込む

   ➡ _____

   ④ 問い合わせる

   ➡ _____

   ⑤ 持ち込む

   ➡ _____

3. 次の絵を見て、キムさんは何ができるか動詞の可能形を使って表現してみましょう。
   다음 그림을 보고 김씨는 무엇을 할 수 있는지 동사의 가능형으로 표현하시오.

4. 客からの質問に丁寧に答えてみましょう。
손님 질문에 정중하게 답하시오.

①  この水、飲めますか。
➡ _____

②  このパソコン、使えますか。
➡ _____

③  このカードで地下鉄に乗れますか。
➡ _____

④  テラス席に座れますか。
➡ _____

⑤  ペットも一緒に泊れますか。
➡ _____

単語 단어

パソコン：PC	地下鉄：지하철

5. (　　)の中に適当な言葉を入れて会話を完成させてみましょう。
　　　( )안에 적당한 말을 넣어 대화를 완성시키시오.

店員 ： いらっしゃいませ。(　　　　)はどのように(　　　　　　)。

客 ： トラベラーズチェックは使えますか。

店員 ： はい、(　　　　　　　)。全部で97ドル(　　　　　　)。

客 ： じゃあ、100ドルで。

店員 ： こちらにサインを(　　　　　　)。

　　　パスポートと搭乗券も(　　　　　　)。

　　　≪パスポートと搭乗券をもらう≫はい。ありがとうございました。

単語 단어

テラス席：테라스 석　　　　　　ペット：애완용 동물
座る：앉다　　　　　　　　　　泊る：묵다

応用練習

応용연습

本文の会話を挨拶やお金の受け渡しなど、動作を付けて実際の会話のように行ってみましょう。

본문의 대화를 인사나 돈을 두고 받는 등의 동작과 함께 실제로 대화를 하는 것처럼 해보시오.

まず、どのような動作が必要か整理してみましょう。

우선 어떠한 동작이 필요한지 정리해봅시다.

-
-
-
-
-
-
-

次に会話の必要な小道具も準備して、会話を行ってみましょう。

다음은 회화에 필요한 소품도 준비하고 회화를 하시오.

日本でのお辞儀の仕方と韓国のお辞儀の仕方を比較してみよう。

일본과 한국의 인사방법을 비교해봅시다.

最敬礼：敬意や謝罪を表わすときのお辞儀。最も丁寧なお辞儀。手の位置は女性の場合、体の前で指を重ねる。

최고의 경례 : 경의나 사죄를 나타낼 때의 인사. 가장 정중한 인사. 손의 위치는 여성의 경우, 몸 앞에서 손을 포갠다.

敬礼：お客様を向かえるときなど最も一般的なお辞儀。顔をあげないように注意。

경례 : 손님을 향할 때 등, 가장 일반적인 인사. 얼굴을 들지 않도록 주의.

会釈：お客様とすれ違うときなどのお辞儀。頭だけ下げるのではなく腰から体を曲げる。

가벼운 인사 : 손님과 스쳐 지나쳐 갔을 때 등의 인사. 머리만 숙이는 것이 아니라 허리부터 몸을 숙인다.

Note

Part II
販売(はんばい)

LESSON 03

まず、敬語(けいご)のない会話(かいわ)を読(よ)んでみましょう。 우선 경어가 아닌 대화를 읽어보시오.

店員(てんいん)： 23万ウォン預(あず)かります。出発日(しゅっぱつび)と飛行機(ひこうき)の便名(びんめい)をお願(ねが)いします。

客(きゃく)： 出発(しゅっぱつ)は6日(むいか)だけど、ええと便名(びんめい)は、、、アシアナの、、、

店員(てんいん)： 午前(ごぜん)の便(びん)ですか、午後(ごご)の便(びん)ですか。

客(きゃく)： お昼(ひる)ごろだったと思(おも)います。

店員(てんいん)： 分(わ)かりました。荷物(にもつ)は空港内(くうこうない)の免税品受取所(めんぜいひんうけとりしょ)で受(う)け取(と)ってください。

敬語のある会話を読んでみましょう。 경어로 된 대화를 읽어보시오.

店員： 23万ウォンお預かりいたします。ご出発日と飛行機の便名をお願いいたします。

客： 出発は6日だけど、ええと便名は、、、アシアナの、、、

店員： 午前の便でしょうか、午後の便でしょうか。

客： お昼ごろだったと思います。

店員： かしこまりました。お荷物は空港内の免税品受取所でお受け取りください。

重要単語 중요단어

出発日：출발일
飛行機：비행기
便名：편명
アシアナ：아시아나
午前の便：오후 편
午後の便：오후 편

昼：낮, 점심 경
荷物：짐
空港内：공항 내
免税品：면세품
受取所：인도장
受け取る：인수하다

本文の内容を確認しましょう。 본문의 내용을 확인합시다.

> 점원 : 23만원 받았습니다. 출발일과 비행기편명을 부탁드립니다.
> 손님 : 출발은 6일인데, 저~ 편명은… 아시아나의…
> 점원 : 오전 편이십니까? 오후 편이십니까?
> 손님 : 점심때쯤이었을 거예요.
> 점원 : 알겠습니다. 짐은 공항내의 면세품 인도장에서 받아 가십시오.

本文の内容と合っていれば○、そうでなければ×をつけなさい。

본문 내용과 맞으면○, 그렇지 않으면 ×표를 하시오.

① お客さんは今、市場にいます。　　　　　　　　　　（　　）

② お客さんは２３万ウォンの品物を買いました。　　　（　　）

③ お客さんは今、飛行機のチケットを持っています。　（　　）

④ お客さんは６日に日本に帰ります。　　　　　　　　（　　）

⑤ 日本の航空会社の飛行機で日本に帰ります。　　　　（　　）

⑥ 今はお昼ごろです。　　　　　　　　　　　　　　　（　　）

⑦ 荷物はすぐに受け取れます。　　　　　　　　　　　（　　）

HINT

市場 : 시장　　　　　チケット : 티켓, 표
品物 : 물건　　　　　航空会社 : 항공회사

重要表現  중요표현

1 お預かりいたします。

⇨ レストラン5課　重要表現参照
레스토랑 5과 중요표현참조

2 ご出発日/お昼/お荷物

漢字語「出発日」には、客が出発する日なので尊敬の意を表わす「ご」をつける。
和語「昼」には、丁寧に話すときに「お」をつけて「お昼」とする。「朝(아침)」「夕方(저녁)」「夜(밤)」にはつかず、「昼」にだけつくので注意。
「荷物」は漢字語ではない。客の荷物なので尊敬の意を表わす「お」をつける。

한자어인「出発日(しゅっぱつび)」에는 손님이 출발하는 날이기 때문에 존경을 나타내는 「ご」를 연결한다.
순수한 일본어인 「昼(ひる)」에는 정중하게 말할 때, 「お」를 연결해서 「お昼(ひる)」가 된다. 「朝(あさ)아침」「夕方(ゆうがた)저녁」、「夜(よる)밤」에는 연결하지 않고 「昼(ひる)」에만 연결되기 때문에 주의.
「荷物(にもつ)」는 한자어가 아니다. 손님의 짐이기 때문에 존경의 뜻을 나타내는 「お」가 연결된다.

3 午前の便でしょうか、午後の便でしょうか。

「〜ですか。」は単純な質問・疑問で、「〜でしょうか。」は不確かなことを問い掛けるニュアンスがある。客に尋ねるとき、「〜ですか。」よりも「〜でしょうか。」のほうが丁寧な印象を相手に与えることができる。

「～ですか。」는 단순한 질문・의문이고 「～でしょうか。」는 불확실한 것을 묻는 뉘앙스가 있다. 손님에게 물을 때 「～ですか。」보다도 「～でしょうか。」가 더 정중한 인상을 상대에게 줄 수 있다.

- 航空会社はアシアナでしょうか、大韓航空でしょうか。
- ご出発は仁川空港からでしょうか、金浦空港からでしょうか。
- お持ち帰りでしょうか、お召し上がりでしょうか。

4 お受け取りください。

動詞のて形に「ください」をつけると依頼の表現となる(例：受け取る→受け取って＋ください)が、客には尊敬語で言わなければならない。「～てください」の尊敬語は「お＋ます形＋ください」である。

동사의 て형에 「ください」를 연결하면 의뢰의 표현이(예：受け取る→受け取って＋ください)되는데 손님에게는 존경어로 말해야만 한다. 「～てください」의 존경어는 「お＋ます형＋ください」이다.

- どうぞご自由にお使いください。
- 注意点についてはこちらをお読みください。
- こちらにご住所とご連絡先をお書きください。

単語 단어

大韓航空：대한항공
持ち帰り：테이크아웃
召し上がる：드시다
自由に：마음껏

注意点：주의할 점
～について：～에 관해서
住所：주소
連絡先：연락처

연습문제

1. 韓国語を日本語に直してみましょう。
   한국어를 일본어로 고치시오.

   점원 : 23만원 받았습니다. 출발일과 비행기편명을 부탁드립니다.

   손님 : 출발은 6일인데, 저~ 편명은… 아시아나의…

   점원 : 오전 편이십니까? 오후 편이십니까?

   손님 : 점심때쯤이었을 거예요.

   점원 : 알겠습니다. 짐은 공항내의 면세품 인도장에서 받아 가십시오.

2. 「～でしょうか」を使って、客からの問いかけに対して確認をしてみましょう。
   「～でしょうか」를 사용하여 손님이 한 질문을 재확인하시오.

例(예)

> 客　　子供服がほしいんですが、、、
> 店員　男の子の服？女の子の服？
> ➡ 男の子の服でしょうか。女の子の服でしょうか。

① 客　　チーズバーガーのセットをください。
　 店員　お持ち帰り？お召し上がり？
　　➡ _____

② 客　　ランチセットをお願いします。
　 店員　Aセット？Bセット？
　　➡ _____

③ 客　　ロッテホテルまでお願いします。
　 店員　ソコンドンのロッテホテル？チャムシルのロッテホテル？
　　➡ _____

3. (　　)に平仮名を一字入れて文章を完成させましょう。
   (　　)안에 히라가나를 한 자 넣어서 문장을 완성시키시오.

   ① (　　)出発日(　　)飛行機(　　)便名を(　　)願いいたします。

   ② (　　)昼ごろだった(　　)思います。

   ③ (　　)荷物を(　　)受け取りください。

   ④ 店員：(　　)朝の便でしょうか。(　　)夜の便でしょうか。
      客　：(　　)夕方の便です。

4. 次の状況にあった表現をHINTを参考に「お〜ください」で表わしてみましょう。
   다음 상황을 HINT를 참고로 하여 「お〜ください」로 표현해보시오.

   | HINT：書く / 飲む / 読む / 待つ / 出す / 使う |

   ① ➡ _____

   ② ➡ _____

③ ➡ _____

④ ➡ _____

⑤ ➡ _____

⑥ ➡ _____

5. ( )の中に適当な言葉を入れて会話を完成させてみましょう。
( )안에 적당한 말을 넣어 대화를 완성시키시오.

店員： 23万ウォン(　　　　　　)。

(　　)出発日と飛行機の便名をお願い(　　　　　　)。

客： 出発は6日だけど、ええと便名は、、、アシアナの、、、

店員： 午前の便(　　　　　)、午後の便(　　　　　)。

客： お昼ごろだったと思います。

店員： (　　　　　　)。

(　　)荷物は空港内の免税品受取所で(　　　　　　　)。

応用練習 응용연습

まず、下の飛行機のフライトスケジュールを見てみましょう。
우선 아래의 비행기 flight schedule을 보시오.

4월28일~5월5일		5월6일~5월30일	
OZ	KE	OZ	KE
1111(08:00)	2011(07:30)	1155(07:45)	2015(08:20)
1122(12:00)	2012(12:15)	1166(12:30)	2016(12:45)
1133(17:30)	2013(18:00)	1177(17:50)	2017(16:45)
1144(20:45)	2014(21:00)	1188(22:00)	2018(21:30)

日にちの言い方を確認しましょう。
날짜 말하는 법을 확인하시오.

1일 ⇨ (　　　)　2일 ⇨ (　　　)　3일 ⇨ (　　　)　4일 ⇨ (　　　)
5일 ⇨ (　　　)　6일 ⇨ (　　　)　7일 ⇨ (　　　)　8일 ⇨ (　　　)
9일 ⇨ (　　　)　10일 ⇨ (　　　)

11일 ⇨ (　　　)　12일 ⇨ (　　　)　13일 ⇨ (　　　)
14일 ⇨ (　　　)　15일 ⇨ (　　　)　16일 ⇨ (　　　)
17일 ⇨ (　　　)　18일 ⇨ (　　　)　19일 ⇨ (　　　)

20일 ⇨ (　　　)　24일 ⇨ (　　　)

こうくうがいしゃ　　なまえ　　かくにん
航空会社の名前を確認しましょう。

항공회사 이름을 확인하시오.

OZ ⇨ (　　　　)　　KE ⇨ (　　　　　)

しゅっぱつ　　じかんたい　かくにん
出発の時間帯も確認しましょう。

출발시간대를 확인하시오.

あさ　　　　　　　　　　　　　ひる
朝　⇨ (　　　　)　　昼 ⇨ (　　　　　)
ゆうがた　　　　　　　　　　　よる
夕方 ⇨ (　　　　)　　夜 ⇨ (　　　　　)

ほんぶん　　　　　　かいわ　おこな
本文のように会話を行いましょう。

　　　　てんいん　ぶぶん　　　　　　　　　　　きゃく　ぶぶん　　しゅっぱつび　こうくうがいしゃ　しゅっ
ただし、店員の部分はそのままに、客の部分は「出発日」「航空会社」「出
ぱつ　じかんたい　　か　　　　かいわ
発の時間帯」を変えて、会話してみましょう。
かいわしゅうりょうじ　　きゃく　い　　　しゅっぱつび　こうくうがいしゃ　しゅっぱつ　じかんたい　さんこう
会話終了時に、客の言った「出発日」「航空会社」「出発の時間帯」を参考
　　うえ　　　　　　　　　　　　　　　　きゃく　の　ひこうき　びんめい　あ
に、上のフライトスケジュールから客の乗る飛行機の便名を當ましょう。

본문과 같이 대화를 이행합시다. 단, 점원의 부분은 그대로, 손님의 부분은 「출발날짜」「항공회사」「출발시간대」를 바꾸어서 대화를 하시오.
회화 종료시, 손님이 말한 「출발날짜」「항공회사」「출발시간대」를 참고로 하여 위의 flight schedule에서 손님이 탈 비행기의 편명을 맞추시오.

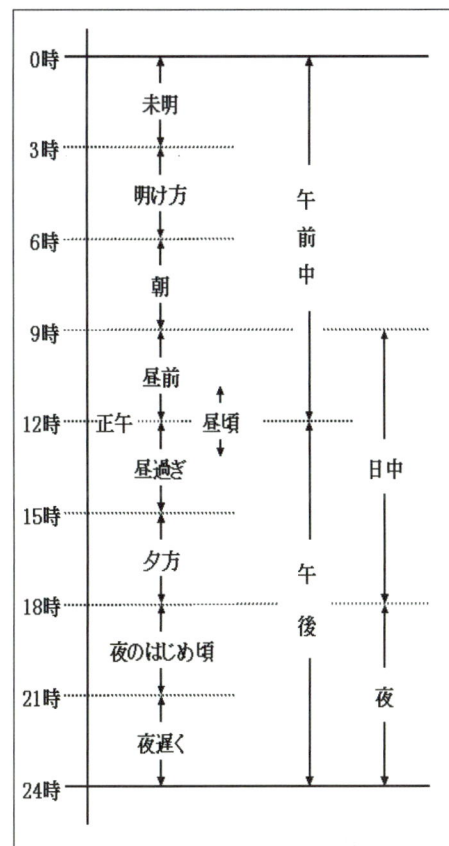

　朝は何時から何時まではかは人によって異なる。確かな決まりはない。
　しかしそれでは困るということで、一日の天気について情報を発信しなければならない気象庁では、右のように一日の時間を細分し、各時間帯ごとの表現を定めている。実際は季節によって、地域によっても異なるが、一つの目安として参考にするのもいいだろう。

　아침은 몇 시부터 몇 시까지인지는 사람에 따라 다르다. 확실하게 정해진 것은 없다.
　그러나 그것으로는 곤란하기 때문에 하루의 날씨에 관한 정보를 발신해야 하는 기상청에서는 오른쪽과 같이 하루의 시간을 세분화하여, 각 시간대마다의 표현을 정하고 있다. 실제로는 계절에 따라, 지역에 따라서도 다르지만 하나의 기준으로서 참고로 하는 것도 좋을듯하다.

참조: 기상청 시간세분도 http://www.jma.go.jp/jma/kishou/know/yougo_hp/saibun.html

LESSON 04

まず、敬語のない会話を読んでみましょう。 우선 경어가 아닌 대화를 읽어보시오.

客： あのう、口紅がほしいんですが、、、

店員： これがこの春の新製品ですが、どんな色がいいですか。

客： ローズ系がいいんですが、、、

店員： そうですね。お客さんにはこの42番ぐらいの色が似合うと思います。どうぞ試してください。

客： ちょっと派手じゃないですか。

店員： とてもよく似合っています。

관광전공인을 위한
서비스일본어

敬語のある会話を読んでみましょう。 경어로 된 대화를 읽어보시오.

客： あのう、口紅がほしいんですが、、、

店員： こちらがこの春の新製品ですが、どのような色がよろしいですか。

客： ローズ系がいいんですが、、、

店員： そうですね。お客様にはこちらの42番ぐらいの色がお似合いだと思います。どうぞお試しください。

客： ちょっと派手じゃないですか。

店員： とてもよくお似合いです。

重要単語 중요단어

口紅：립스틱	よろしい：いい의 정중체
ほしい：원하다	ローズ系：붉은 계열
この春：이번 봄	似合う：어울리다
新製品：신제품(신상)	試す：시도하다
色：색, 색상	派手だ：화려하다

本文の内容を確認しましょう。 본문의 내용을 확인합시다.

> 손님 : 저… 립스틱을 사고 싶은데요.
> 점원 : 이 제품이 이번 봄 신상품인데, 어떤 색상이 좋으십니까?
> 손님 : 붉은 계열이 좋은데요…
> 점원 : 그러세요. 손님께는 이 42번 정도의 색이 어울리실 것 같습니다.
> 손님 : 좀 화려하지 않아요?
> 점원 : 아주 잘 어울리십니다.

本文の内容と合っていれば○、そうでなければ×をつけなさい。
본문 내용과 맞으면○, 그렇지 않으면 X표를 하시오.

① お客さんはリップスティックを買いに来ました。 (　)

② この春、新製品の口紅が出ました。 (　)

③ ４２番の口紅はローズ系です。 (　)

④ お客さんは４２番の口紅を試しました。 (　)

⑤ 店員はお客さんには４２番の口紅が似合うと思っています。 (　)

⑥ お客さんはもっと派手な口紅がほしいです。 (　)

HINT

化粧品 : 화장품
買いに来る : 사러 오다
出る : 나오다, 출시하다

重要表現  중요표현

1 お似合いだと思います。／お似合いです。

「似合う」の意味は「어울리다」。ある人の着ている服や、化粧品の色がその人に合っているとき、日本語では「似合います」ではなく、「似合っています」と表現する。ここでは相手が客なので、敬語で表現しなければならない。「～ています」の尊敬語は「お＋ます形＋です」なので、「お＋似合い＋です→お似合いです」となる。

さらに後ろに「～と思います」がつく場合は、丁寧対ではなく普通体に「と思います」がつくので、「お似合いです」の「です」を「だ」に変えて「お似合いだと思います」となる。

「似合(にあ)う」의 의미는 「어울리다」이다. 어떤 사람이 입고 있는 옷이나 화장품의 색상이 그 사람과 어울릴 때 일본어로는 「似合(にあ)います」가 아니라 「似合(にあ)っています」라고 표현한다. 여기에서는 상대가 손님이기 때문에 경어로 표현해야만 한다. 「～ています」의 존경어는 「お＋ます형＋です」이기 때문에 「お＋似合い＋です→お似合いです」가 된다.

나아가 뒤에 「～と思(おも)います」가 연결되는 경우에는, 정중체가 아니라 보통체인 「と思います」가 연결되기 때문에 「お似合いです」의 「です」를 「だ」로 바꾸어서 「お似合いだと思います」라고 한다.

○お似合いです。　○お似合いだと思います。　×お似合いですと思います。

- お連れのお客様は1階でお待ちです。
  お連れのお客様は1階でお待ちだと思います。
- お客様はお部屋にお戻りです。
  お客様はお部屋にお戻りだと思います。

単語 단어

お連れ：동반자　　　　　　　　戻る：되돌아가다
部屋：방

2 お確かめください。

動詞のて形に「ください」をつけると依頼の表現となるが、客には尊敬語で言わなければならない。「～てください」の尊敬語は「お＋ます形＋ください」である。
동사て형에「ください」를 연결하면 의뢰의 표현이 되지만 손님에게는 존경어로 표현해야만 한다.「～てください」의 존경어는「お＋ます형＋ください」이다.

- どうぞ、こちらにお掛けください。
- ご自由にお取りください。
- こちらからお入りください。

単語 단어

掛ける : (의자에) 앉다　　　　　入る : 들어가다
取る : 집다

연습문제

1. 韓国語を日本語に直してみましょう。
   한국어를 일본어로 고치시오.

   손님 :   저… 립스틱을 사고 싶은데요.
   점원 :   이 제품이 이번 봄 신상품인데, 어떤 색상이 좋으십니까?
   손님 :   붉은 계열이 좋은데요...
   점원 :   그러세요. 손님께는 이 42번 정도의 색이 어울리실 것 같습니다.
   손님 :   좀 화려하지 않아요?
   점원 :   아주 잘 어울리십니다.

2. 客に似合いそうな商品を選んでチェックをしてください。そして「と思います」を使って、お客様に勧めてみましょう。
손님에게 어울릴 것 같은 상품을 골라서 체크하시오.「と思います」를 사용하여 손님에게 권해 보시오.

例(예)

ワンピースがほしいんですが、、、

 (a)  (b)

➡ お客様にはこちらの黒いワンピースがお似合いだと思います。

①

ハンドバッグがほしいんですが、、、

(a)  (b)

➡ _____

②  帽子がほしいんですが、、、

(a)  （b）

➡ _____

③  ネクタイがほしいんですが、、、

(a)  （b）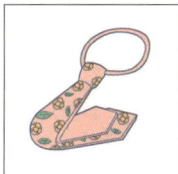

➡ _____

3. 次の状況にあった表現をHINTを参考に「お～ください」で表わしてみましょう。

다음 상황을 HINT를 참고로 하여, 「～ください」로 표현하시오.

HINT : 掛ける / 入る / 脱ぐ / 試す / 支払う / 上がる

① ➡ _____

② ➡ _____

③ ➡ _____

④ ➡ _____

⑤ ➡ _____

単語 단어

脱ぐ : 벗다

⑥  ➡ _____

4. （　　）の中に適当な言葉を入れて会話を完成させてみましょう。
（　）안에 적당한 말을 넣어 대화를 완성시키시오.

客　　： あのう、口紅がほしいんですが、、、

店員： （　　　）がこの春の新製品ですが、（　　　）色が

　　　　（　　　　　　）ですか。

客　　： ローズ系がいいんですが、、、

店員： そうですね。（　　　）には（　　　）42番ぐらいの色が

　　　　（　　　　）と思います。どうぞ（　　　　　　）。

客　　： ちょっと派手じゃないですか。

店員： とてもよく（　　　　　　　）。

単語 단어

上がる : 신발을 벗고 집안에 들어오다, 올라오다

応用練習 응용연습

本文の会話のように客の希望の色の口紅を勧める会話をしてみましょう。

본문의 대화처럼 손님이 희망하는 립스틱색상을 권하는 대화를 하시오.

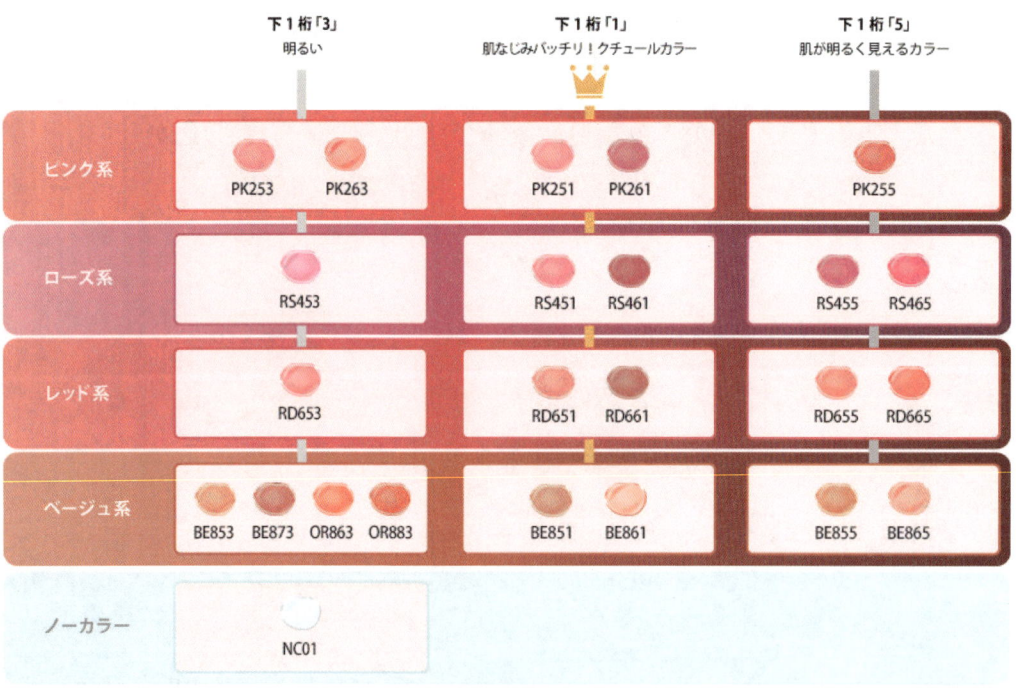

http://www.sofina.co.jp/aube/products/product25.html

Note

LESSON 05

まず、敬語のない会話を読んでみましょう。 우선 경어가 아닌 대화를 읽어보시오.

客： おもちゃ売り場はエスカレーターのそばでしたよね。

案内係： はい、中央にあるエスカレーターの横にあります。このフロアにはエスカレーターが２か所ありますので、注意してください。

客： レストラン街もこの階にありますか。

案内係： いいえ、レストラン街は１０階にあります。

客： エレベーターはどこですか。

案内係： おもちゃ売り場のすぐ隣です。

관광전공인을 위한
서비스일본어

敬語のある会話を読んでみましょう。 경어로 된 대화를 읽어보시오.

客： おもちゃ売り場はエスカレーターのそばでしたよね。

案内係： はい、中央にあるエスカレーターの横にございます。
このフロアにはエスカレーターが2か所ございますので、
ご注意ください。

客： レストラン街もこの階にありますか。

案内係： いいえ、レストラン街は10階にございます。

客： エレベーターはどこですか。

案内係： おもちゃ売り場のすぐ隣でございます。

重要単語 중요단어

案内係：안내원
おもちゃ：장난감
売り場：매장
エスカレーター：에스컬레이터
そば：곁, 옆
中央：중앙
横：옆

フロア：층
～か所：～군데
注意する：주의하다
レストラン街：식당가
階：층
すぐ：바로
隣：옆, 이웃

本文の内容を確認しましょう。 본문의 내용을 확인합시다.

손님 :	장난감 매장은 에스컬레이터 근처이었죠?
안내원 :	네, 중앙에 있는 에스컬레이터 옆에 있습니다.
	이 층에는 에스컬레이터가 두 곳 있으니까 주의해주십시오.
손님 :	식당가도 이 층에 있어요?
안내원 :	아닙니다. 식당가는 10층에 있습니다.
손님 :	엘리베이터는 어디에요?
안내원:	장난감 매장 바로 옆입니다.

本文の内容と合っていれば○、そうでなければ×をつけなさい。

본문 내용과 맞으면○, 그렇지 않으면 ×표를 하시오.

① お客さんは今、デパートのおもちゃ売り場にいます。　（　　）

② おもちゃ売り場は中央にあるエスカレーターのそばにあります。（　　）

③ 食堂街とおもちゃ売り場は同じフロアにあります。（　　）

④ 今からお客さんはレストラン街に行きます。（　　）

⑤ お客さんはエレベーターでレストラン街に行こうと思っています。（　）

⑥ おもちゃ売り場とエレベーターは近いです。（　　）

HINT

同じ : 똑같은　　　　　　　　　　行こうと思う : 가려고 하다(생각한다)

重要表現 　중요표현

1　中央にあるエスカレーターの横にございます。

⇨ レストラン 2 課参照
　　레스토랑 2과 참조

客：トレイはどこにありますか。
案内係：あちらにございます。

2　ご注意ください。

「ご注意ください」は「注意してください」の尊敬語である。このように「漢字語＋してください」を尊敬語にする場合、「ご＋漢字語＋てください」の形にすればいい。
「ご注意(ちゅうい)ください」는「注意(ちゅうい)してください」의 존경어이다. 이처럼「한자어＋してください」를 존경어로 하는 경우,「ご＋한자어＋てください」의 형태로 하면 된다.

喫煙はご遠慮ください。
インターネットでご注文ください。
あちらのエスカレーターをご利用ください。

単語 단어

喫煙：흡연　　　　　　　　　　インターネット：인터넷
遠慮：사양　　　　　　　　　　利用：이용

3 おもちゃ売り場のすぐ隣でございます。

⇨ レストラン1課参照
레스토랑1과 참조

客：婦人靴売り場はどこですか。
案内係：あちらでございます。

4 そば / 隣 / 横

そば→「近く」の意。前後左右関係なく、近くにあれば「そば」で表現可能。
「근처」의 의미. 전후좌우 관계없이 근처에 있으면 「そば」로 표현가능.

隣 → 左右に並んでいて、隣接している。人と人、物と物のように同種の物が並んでいる場合。
좌우로 나란히 있고 인접해 있다. 사람과 사람, 물건과 물건처럼 같은 종류가 나란히 있는 경우.

横 → 左右に並んでいるが、必ずしも隣接していなくてもいい。人と人、人と物、物と物のように同種の物が並んでいる場合にも、異種の物が並んでいる場合にも使える。
좌우로 나란히 있지만 반드시 인접해 있지 않아도 된다. 사람과 사람, 물건과 물건처럼 같은 종류가 나란히 있는 경우에도 다른 종류가 나란히 있는 경우에도 다 쓰인다.

駅の近くにデパートがある。

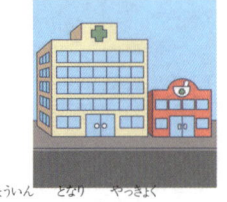
病院の隣に薬局がある。

家の横に木がある。

単語 단어

婦人靴：숙녀화　　　　　　　　薬局：약국

연습문제

1. 韓国語を日本語に直してみましょう。
한국어를 일본어로 고치시오.

손님:	장난감 매장은 에스컬레이터 근처이었죠?
안내원:	예, 중앙에 있는 에스컬레이터 옆에 있습니다.
	이 층에는 에스컬레이터가 두 곳 있으니까 주의해주십시오.
손님:	식당가도 이 층에 있어요?
안내원:	아닙니다. 식당가는 10층에 있습니다.
손님:	엘리베이터는 어디에요?
안내원:	장난감 매장 바로 옆입니다.

2. 下の表の[ ]に各階の読み方をひらがなで書いてみましょう。
   次に（　　　　　）に単語の意味を書きましょう。

   아래표의 각층의 읽는 방법을 히라가나로 쓰시오.
   다음에 ( )에 단어의미를 적으시오.

階	売り場	
10階[　　]	文化センター（　　　　）	
9階[　　]	催し物会場（　　　　）	レストラン（　　　　）
8階[　　]	免税店（　　　　）	レストラン（　　　　）
7階[　　]	電化製品（　　　　）	家具（　　　　）
6階[　　]	子供服（　　　　）	おもちゃ（　　　　）
5階[　　]	メンズ（　　　　）	ゴルフ用品（　　　　）
4階[　　]	デザイナーブランド（　　　　）	修繕（　　　　）
3階[　　]	レディースフォーマル（　　　　）	靴（　　　　）
2階[　　]	ヤングカジュアル（　　　　）	鞄（　　　　）
1階[　　]	輸入ブランド（　　　　）	化粧品（　　　　）
地下1階[　　]	食品（　　　　）	フードコート（　　　　）
地下2階[　　]	駐車場（　　　　）	

3. 次の状況にあった表現をHINTを参考に「ご～ください」で表わしてみましょう。

다음 상황을 HINT를 참고로 하여, 「ご～ください」로 표현하시오.

> HINT : 注意 / 注文 / 遠慮 / 利用 / 乗車

① ➡ _____

② ➡ _____

③ ➡ _____

④ ➡ _____

⑤ ➡ _____

4. 絵を参考に適切な表現を(　)の中から選び、文章を完成させてみましょう。

　　그림을 참고로 적절한 표현을 (　) 중에서 선택하여, 문장을 완성시키시오.

①  トイレはおもちゃ売り場の(そば・隣・横)にございます。

②  塩は砂糖の(そば・隣・横)にございます。

③  銀行はデパートの(そば・隣・横)にございます。

④  エレベーターの(そば・隣・横)に案内係がおります。

5. (　)の中に適当な言葉を入れて会話を完成させてみましょう。

　　(　)안에 적당한 말을 넣어 대화를 완성시키시오.

客：　　　おもちゃ売り場はエスカレーターのそばでしたよね。

案内係：　はい、中央にあるエスカレーターの横に(　　　　　)。
　　　　　このフロアにはエスカレーターが2か所(　　　　　)ので、
　　　　　(　　　　　　　　　)。

客： レストラン街もこの階にありますか。

案内係： いいえ、レストラン街は１０階に(　　　　　　)。

客： エレベーターはどこですか。

案内係： おもちゃ売り場のすぐ隣(　　　　　　)。

単語 단어

銀行：은행　　　　　　　　　　おる：いる의 겸양어

応用練習(おうようれんしゅう)

응용연습

mission cardを参考(さんこう)にし、案内係(あんないがかり)と客(きゃく)にわかれて、役割練習(やくわりれんしゅう)をしてみましょう。

mission card를 참고로 하여, 안내원과 손님으로 나누어서 역할연습을 하시오.

---

mission card 案内係(あんないがかり)(안내원)

免税店(めんぜいてん)は7階(かい)、レストラン街(がい)は8、9階(かい)にあります。免税店(めんぜいてん)に行(い)くには中央(ちゅうおう)にあるエレベーターを利用(りよう)するようにお客様(きゃくさま)に言(い)ってください。韓国料理店(かんこくりょうりてん)は8階(かい)のエレベーターのすぐ隣(となり)にあります。

면세점은 7층, 레스토랑은 8, 9층에 있습니다. 면세점에 가려면 중앙에 있는 엘리베이터를 이용하도록 손님에게 말하시오. 한국음식점은 8층 엘리베이터 바로 옆에 있습니다.

---

mission card 客(きゃく)(손님)

免税店(めんぜいてん)に行(い)きたいと思(おも)っています。免税店(めんぜいてん)は7階(かい)にあると思(おも)っていますが、店員(てんいん)に確認(かくにん)してください。免税店(めんぜいてん)に行(い)った後(あと)、ビビンパも食(た)べたいと思(おも)っています。どこで食(た)べることができるか場所(ばしょ)も聞(き)いてください。

면세점에 가고자합니다. 면세점은 7층에 있다고 생각하는데 점원에게 확인하세요. 면세점에 간 후, 비빔밥을 먹고자 합니다. 어디서 먹을 수 있는지 장소를 물으세요.

Note

Note

 김 남 숙
- 한양여자대학교 국제관광과 교수

관광전공인을 위한
서비스일본어

초판 1쇄 인쇄 　 2014년 02월 20일
초판 1쇄 발행 　 2014년 02월 28일

저　　자 　김 남 숙
발 행 인 　윤 석 현
발 행 처 　제이앤씨
책임편집 　최인노 · 김선은
등록번호 　제7-220호

우편주소 　㉾ 132-702 서울시 도봉구 창동 624-1
　　　　　　북한산 현대홈시티 102-1106
대표전화 　02) 992 / 3253
전　　송 　02) 991 / 1285
홈페이지 　http://www.jncbms.co.kr
전자우편 　jncbook@hanmail.net

ⓒ 김남숙 2014 All rights reserved. Printed in KOREA

ISBN 978-89-5668-998-2　 13730　　 정가 12,000원

* 이 책의 내용을 사전 허가 없이 전재하거나 복제할 경우
  법적인 제재를 받게 됨을 알려드립니다.
** 잘못된 책은 구입하신 서점이나 본사에서 교환해 드립니다.